走进文物保护新时代

——山东省可移动文物保护状况调查研究

山东省文物保护修复中心 编著
王传昌 主编

齐鲁书社
·济南·

图书在版编目（CIP）数据

走进文物保护新时代：山东省可移动文物保护状况调查研究 / 山东省文物保护修复中心编著；王传昌主编. -- 济南：齐鲁书社, 2022.12
ISBN 978-7-5333-4651-5

Ⅰ. ①走… Ⅱ. ①山… ②王… Ⅲ. ①文物保护－调查研究－山东 Ⅳ. ①K872.52

中国版本图书馆CIP数据核字(2022)第231959号

责任编辑：马安钰　张敏敏　井普椿
责任校对：赵自环　王其宝
装帧设计：亓旭欣

走进文物保护新时代——山东省可移动文物保护状况调查研究
ZOUJIN WENWU BAOHU XINSHIDAI
山东省文物保护修复中心　编著
王传昌　主编

主管单位	山东出版传媒股份有限公司
出版发行	齊魯書社
社　　址	济南市市中区舜耕路517号
邮　　编	250003
网　　址	www.qlss.com.cn
电子邮箱	qilupress@126.com
营销中心	（0531）82098521　82098519　82098517
印　　刷	山东临沂新华印刷物流集团有限责任公司
开　　本	787mm × 1092mm　1/16
印　　张	13
插　　页	2
字　　数	216千
版　　次	2022年12月第1版
印　　次	2022年12月第1次印刷
标准书号	ISBN 978-7-5333-4651-5
审 图 号	鲁 SG(2022)039号
定　　价	128.00元

2016 年山东省文物保护修复沂源工作站揭牌

2018 年山东省可移动文物保护半岛科研基地揭牌

2019 年山东省文物保护修复中心与曲阜师范大学历史文化学院签署合作协议

2021 年山东省文物保护技术协会成立

专家考察山东省可移动文物保护修复鲁东南区域中心

专家领导考察山东省可移动文物保护修复鲁中区域中心

专家考察棺木修复现场

专家考察青铜器修复现场

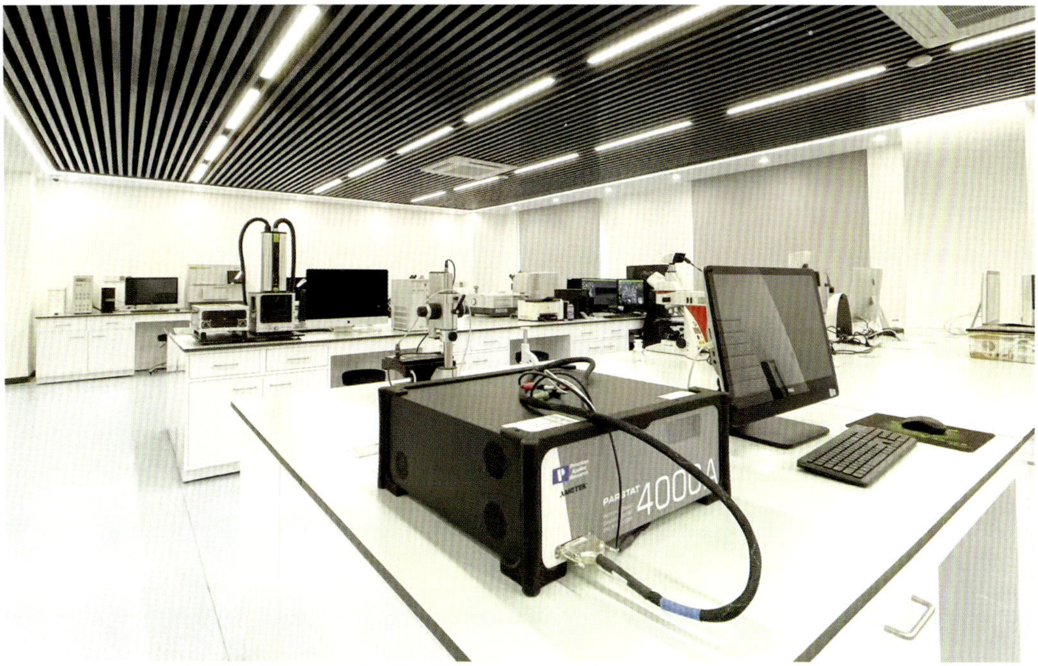

山东省文物保护修复中心分析检测室

山东省文物保护修复中心书画保护修复室

山东省可移动文物保护修复鲁东南区域中心文物修复室

济南市博物馆文物库房恒湿橱柜改造情况

山东省可移动文物保护修复工作站授牌

山东省文物保护修复咨询专家颁发聘书

2017年举办《匠心神韵：山东省文物保护修复技艺展》

《匠心神韵：山东省文物保护修复技艺展》展厅内景

2016 年参观日本 MIHO 博物馆文物保护实验室

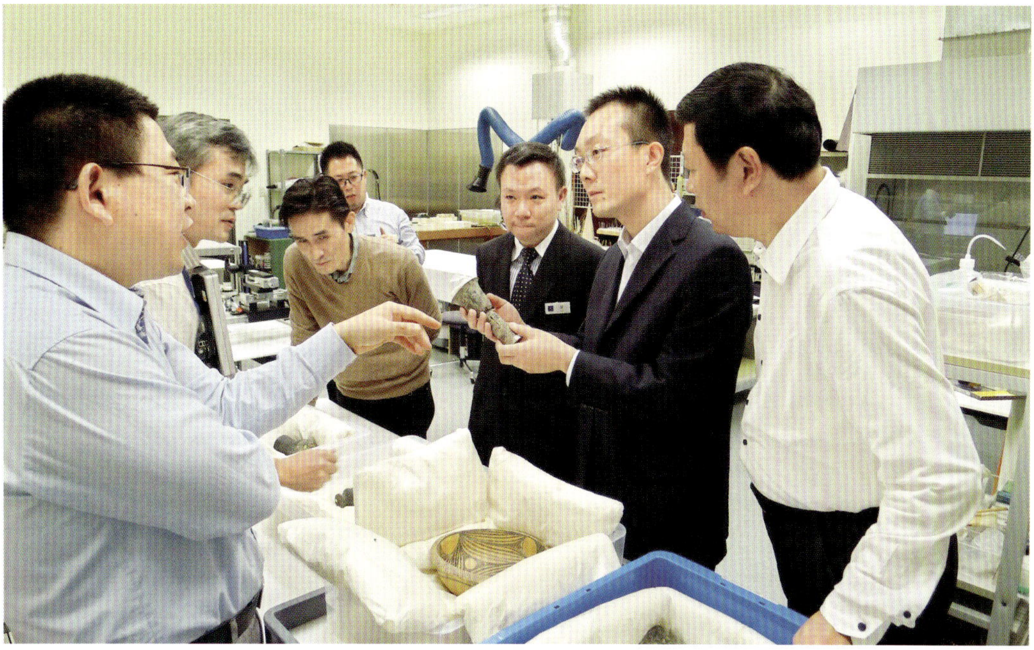

2016 年参观日本 MIHO 博物馆文物保护实验室

2017 年参观荷兰国立博物馆文物保护修复中心

2018 年参观德国莱比锡国际文物保护及修复博览会

2019年馆藏文物保护修复项目工作经验交流会开幕式

2019年山东大学马清林教授为山东文物保护技术讲堂开讲

专家考察指导沂南丝织品保护修复项目

丝织品文物修复

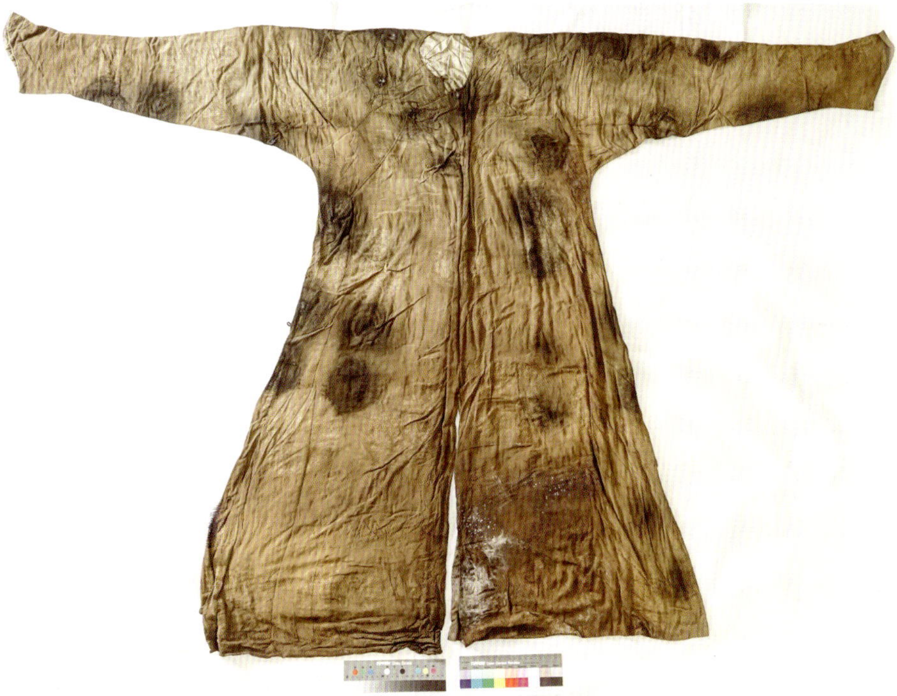

清代丝质袍服修复前

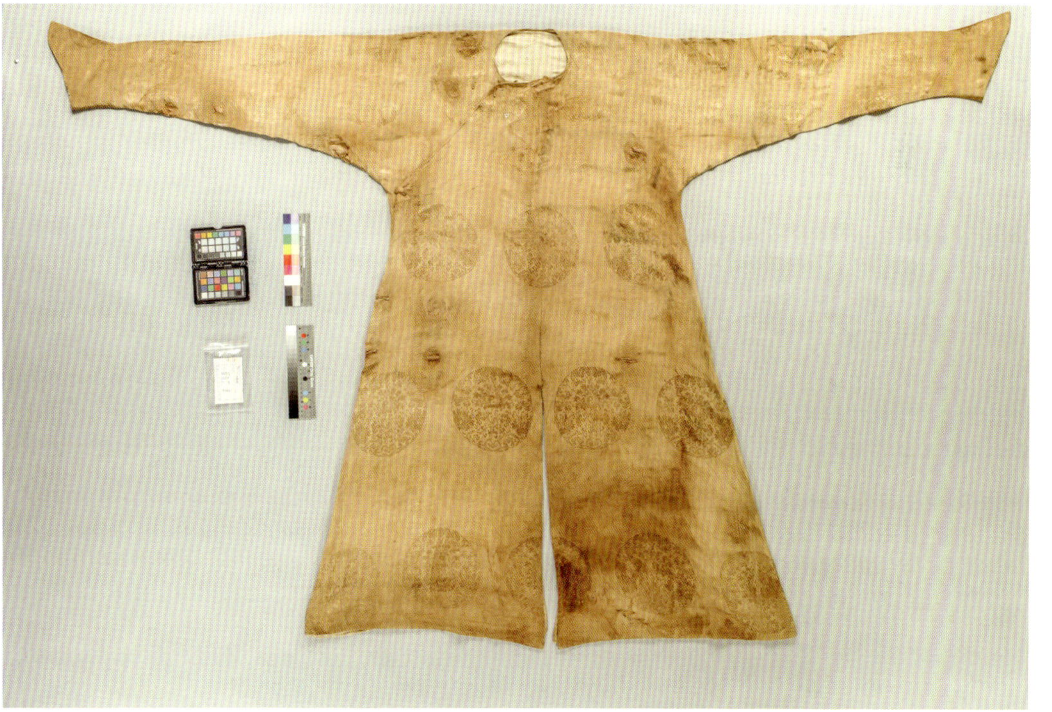

清代丝质袍服修复后

“十三五”期间山东省文物保护修复中心独立实施的“山东沂南河阳社区墓地出土丝织品保护修复项目”被评为2021全国十佳文物藏品修复项目

贾崇信花鸟图轴修复前

贾崇信花鸟图轴修复后

山东长清灵岩寺千佛殿部分罗汉像保护修复项目及石刻保护修复项目启动咨询会领导与专家合影

专家考察长清灵岩寺罗汉像修复情况

专家指导长清灵岩寺罗汉像修复情景

长清灵岩寺罗汉像现场检测

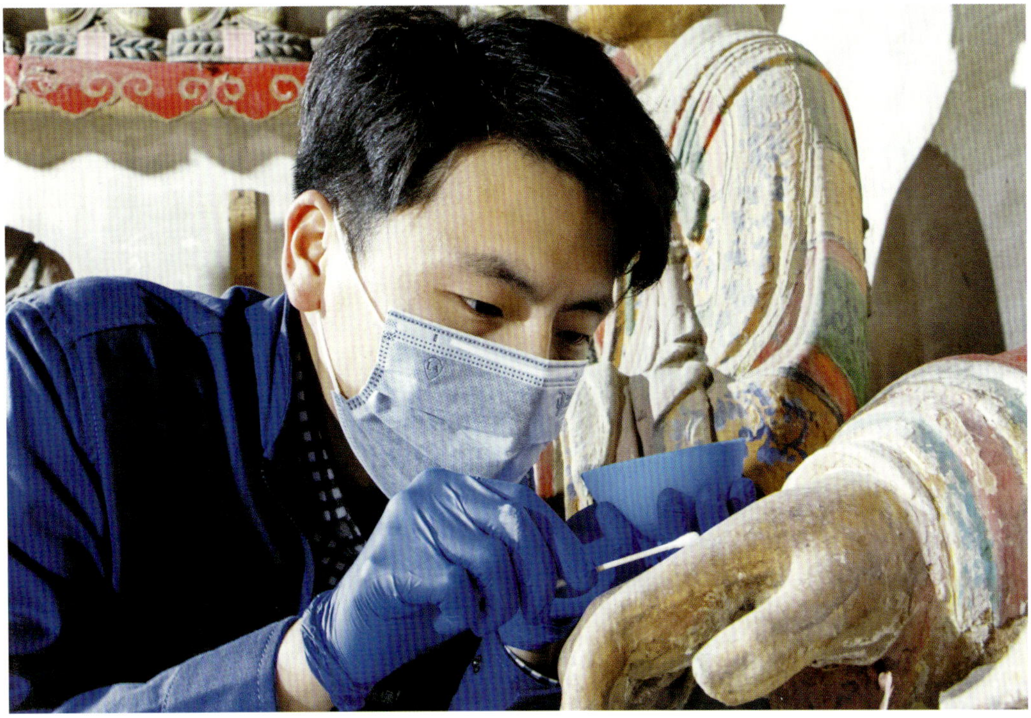

长清灵岩寺罗汉像表面污染清理

长清灵岩寺牛呞比丘尊者修复前

长清灵岩寺牛呞比丘尊者修复后

长清灵岩寺罗汉像手部清理前

长清灵岩寺罗汉像手部清理后

石质佛坐像修复前

石质佛坐像修复后

元青花高足碗修复前

元青花高足碗修复后

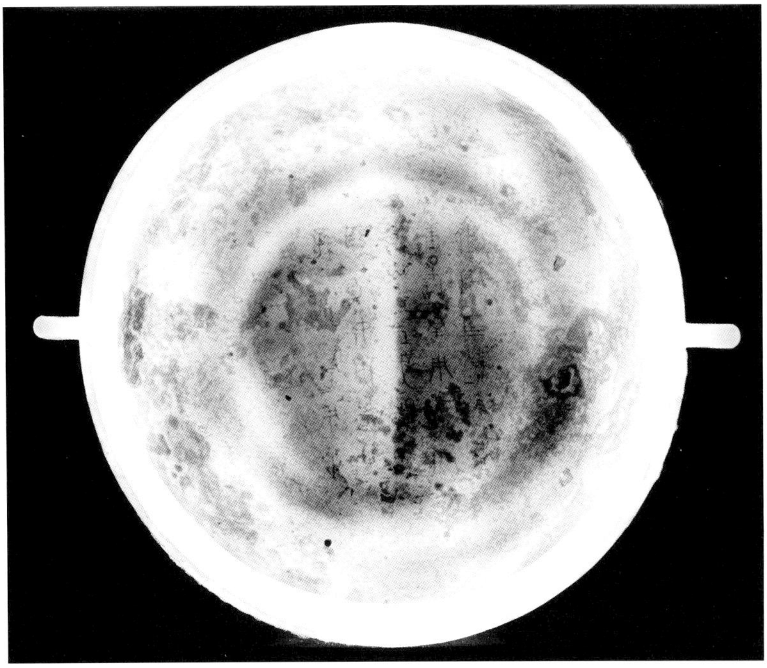

东周青铜敦 X 射线探伤照片

画像纹铜镜 X 射线探伤照片

汉代青铜熏炉修复前

汉代青铜熏炉修复后

青铜鼎修复前

青铜鼎修复后

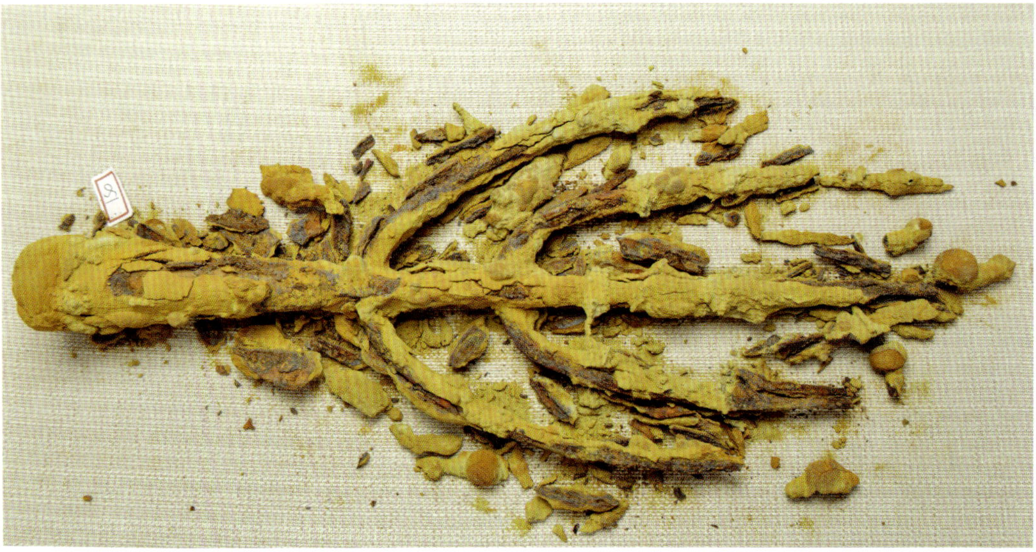

元代铁鱼叉修复前

元代铁鱼叉修复后

济远舰海水淡化蒸汽发生罐修复前

济远舰海水淡化蒸汽发生罐修复后

江苏省丰县古船复制模型

序

山东是中华文明的重要发祥地、儒家文化的发源地。后李文化、北辛文化、大汶口文化、龙山文化、岳石文化，以及夏、商、周三代以降文化，构成史前文化谱系完整、从未缺环、文脉传承、光辉灿烂、高潮迭起的发展链条，使山东成为百万年人类史、一万年文化史、五千多年中华文明史的实证地。据第一次全国可移动文物普查统计，山东全省国有可移动文物286万件/套，实际数量558万件，居全国第三位。近年来，随着大量考古发掘工作的开展，出土文物以每年数万件的数量增长，全省可移动文物数量不断丰富和充实。

“十三五”期间，在国家文物局、山东省委省政府的正确领导下，在各级文物部门和文博单位的共同努力下，全省可移动文物保护工作全面加强，走出了一条符合省情的文物保护之路。总体来看，“十三五”期间的成绩主要有以下两点。

1.可移动文物保护修复“两大基础体系”框架已经构建

通过制定《可移动文物保护修复项目申报手册》《可移动文物保护修复项目技术规范》《可移动文物保护修复项目管理办法》等制度规范，形成全省统一的可移动文物保护修复管理体系，科学有效地把控项目从立项至验收的全过程。

全省已初步建立起“以山东省文物保护修复中心为核心，地方重点博物馆为骨干，社会力量为补充的可移动文物保护修复网络体系”，构成我省“一体两翼、多级联动”文物保护新格局。“一体”是指以山东省文物保护修复中心为核心的综合技术中心，以及曲阜、鲁中、鲁西、鲁东南4个区域中心和沂源、定陶、莱州、临沂、诸城、平度、黄岛7个工作站共同组成的主体框架。“两翼”是指建立起金属器、漆木器、陶质彩绘文物等国家文物局文物保护重点科研基地山东工作站和山东省可移动文物保护半岛科研基地。经过近几年的发展，这个网络体系建设已取得一定成效。

2. 可移动文物保护修复实现“四个提升”

“十三五”期间，全省文博单位实施可移动文物本体修复、预防性保护、数字化保护项目达246项，相较于“十二五”期间的98项可移动文物保护修复项目数量，增加了约1.5倍。“十三五”期间，以山东省文物保护修复中心为引领的各级文物保护修复机构实施了一批具有示范引领作用的项目。其中，由山东省文物保护修复中心负责实施的“山东沂南河阳社区墓地出土丝织品保护修复项目”，被评为2021年全国十佳文物藏品修复项目；由孔子博物馆联合中国丝绸博物馆共同实施的“山东曲阜孔府文物档案馆藏明代服装保护修复项目”，荣获2021年全国优秀文物藏品修复项目。这些成绩表明全省可移动文物保护修复项目数量和质量有了较大提升。

至“十三五”时期末，省内具有可移动文物修复资质的单位已增至23家，相较于“十二五”时期末的8家，数量增加了近2倍。近几年，山东省文物保护修复中心、山东省可移动文物保护半岛科研基地、各个区域中心和工作站开展了大量可移动文物保护修复项目，涉及的文物类别有金属类、陶瓷类、书画类、古籍类、石刻类、纺织品类、漆木器类等，涉及的文物数量以万计。这些都说明全省可移动文物保护修复能力得到明显提升。

“十三五”期间，山东省文物局聘请李化元等10位全国文物科技保护权威专家为“山东省文物保护修复咨询专家”，分两批聘任全省173位修复人员为“山东省文物修复师”。这在山东乃至全国都是首次，足以彰显山东对文物保护修复人才的重视。“十三五”期间，全省文博单位依托项目实施和网络体系建设，通过业务培训、高校深造、师带徒、项目实习、交流合作等形式，培养锻炼了一支涵盖文物保护技术、文物修复、考古、物理、美术、材料学等多学科多领域的文物保护修复人才队伍。

近几年，山东省博物馆学会文物保护技术专业委员会和山东省文物保护技术协会相继成立。这些行业平台将团结引领从事文物保护及相关工作的单位和个人，为全省文物保护工作提供技术支撑。“十三五”期间，山东省文物局与山东工艺美术学院合作成立“山东省文物保护修复教育科研基地”，山东省文物保护修复中心与莱芜职业技术学院签订《文物修复与保护专业教学资源库参与建设单位承诺书》，形成文物主管单位、文博单位与高校在文物保护修复技术、新材料新工艺、人才培养、文物科研等方面交流合作的新机制。随着全省可移动文物保护修复水平的提高，科研成果也不断涌现。“十三五”期间，全省文物行业领域出版了《煌煌锦绣：沂南河阳墓地出土丝织品保护修复与研究》《曲阜片区石刻文物病害调查及保护修复技术研究》《曲阜片区石刻文物信息采集技术研究》《古铜今识：青岛市黄岛区博物馆藏青铜文物保护修复与研究》《山东可移动文物保护修复与研究》《寿柏巧椂——沂南河阳清代棺木保护修复与研究》《沉船遗珍——菏泽元代古船出土文物保护修复与研究》等专业著作，表明全省可移动文物科研能力已有明显提升。

“十三五”期间，在山东省文化和旅游厅的正确领导下，全省立足国家标准、山东优势，锐意进取，不断创新，使得山东可移动文物保护修复工作有了整体提升，网络体系建设成效显著。与此同时，我们必须清醒地认识到现状和面临的困难挑战。总体来看，我们面临的困难挑战主要有以下四点。

1. 可移动文物保护修复工作基础较弱

目前，人才、资金、场地和设备严重不足，仍然存在保护修复场地过少、场地布局不均衡或不合理的现象。

2. 可移动文物保护修复任务繁重

虽然“十三五”期间实施了一批保护修复项目，挽救了一批濒危文物，但是依旧有较多文物存在严重病害，还有相当一部分濒临毁损的文物亟须进行保护修复。文物预防性保护和数字化保护措施也亟待加强和规范。

3. 可移动文物保护修复体制机制不健全

全省目前还缺乏省级地方可移动文物保护行业标准，同时，国家或行业可移动文物技术标准的贯彻也尚需加强。

4. 可移动文物保护修复网络体系建设尚需完善

虽然全省可移动文物保护修复能力较之以往有了明显提升，但有个别文博单位、区域工作站没有把握好机遇，没有利用好政策和制度优势，存在对网络体系建设落实不到位、开展项目不积极，以及对设备和人才缺乏统筹管理等问题，致使保护修复工作成效甚微，影响了全省保护修复能力的整体提升，使网络体系建设呈现出不均衡的特点。此外，近些年有较多社会力量申请到可移动文物修复资质，但在保护修复方案编制、项目实施质量、档案管理规范等方面，这些社会力量的水平参差不齐。今后应进一步加强项目管理、资质管理工作，通过正面引导，共同做好可移动文物保护修复工作。

此次专项调查工作是对全省可移动文物保护现状的系统回顾和总结，分析了文物保护现状、保存环境、保护修复能力和保护项目实施等方面的问题，对比“十二五”时期，总结了“十三五”期间全省可移动文物保护修复工作的主要成绩。与此同时，我们清醒地认识到现状和面临的困难挑战，提出了下一步如何开展全省可移动文物保护修复工作的建议和对策。调研成果将为全省“十四五”文物工作开好局、起好步奠定基础，有利于切实加强可移动文物保护修复工作，构建更加科学、完善的全省可移动文物保护修复体系，培养可移动文物保护修复专业队伍，整体提升山东省可移动文物保护、修复、管理和利用水平。

当前和今后一个时期，做好文物保护工作，要以习近平新时代中国特色社会主义思想为指导，贯彻落实习近平总书记关于文物保护工作的重要论述和重要指示批示精神，坚持“保护第一、加强管理、挖掘价值、有效利用、让文物活起来”的新时代文物工作方针，锚定“走在前、开新局”，以文物保护利用“十大工程”为抓手，发扬“择一事终一生”的精神，加强基础理论研究，不断推进科技创新，妥善处理好文物保护、传承、利用和发展之间的关系，奋力推进文物事业高质量发展。

2022年12月

目 录

图表目录

▶图片目录

▶表格目录

一、调查背景及项目组织情况概述

（一）调查背景

2015年，在山东省文物局的领导下，由山东省文物保护修复中心牵头开展了全省可移动文物保存状况调查研究工作。调研成果不仅为编制“十三五”时期全省文物工作规划提供了基础数据，而且有效地推进了全省可移动文物保护修复工作。

为进一步贯彻落实习近平总书记关于文物保护工作的重要论述和重要指示批示精神，以及国务院《关于进一步加强文物工作的指导意见》和山东省文化和旅游厅《山东省文物事业“十四五”发展规划》，非常有必要在“十四五”之初，再开展一次全省可移动文物保护状况专项调查工作。

此次专项调查工作成果不仅能够为全省“十四五”文物工作开好局、起好步奠定基础，还有利于切实加强可移动文物保护修复工作，构建更加科学、完善的全省可移动文物保护修复体系，培养可移动文物保护修复专业队伍，整体提升山东省可移动文物保护、修复、管理和利用水平。

（二）调查内容及目标

1. 专项调查对象

此次调查的对象为全省范围内国有博物馆、纪念馆、考古所和文物管理（保管）所等文物收藏单位的可移动文物。

2. 专项调查内容

（1）可移动文物保存情况，主要包括文物数量、年代、质地、保存状况等第一次全国可移动文物普查信息。

（2）可移动文物库房及展厅基本情况，主要包括库房及展厅面积、环境监测、调控设备等信息。

（3）可移动文物保护修复场地及仪器设备情况，主要包括可开展文物保护类别、场地面积、投资建设资金、仪器设备清单等信息。

（4）可移动文物保护修复从业人员情况，主要包括人员基本情况、2016—2020年参加文物保护相关业务培训情况、2016—2020年参与文物保护修复项目情况等信息。

（5）“十三五”期间可移动文物保护修复项目情况，主要包括2016—2020年实施的可移动文物保护修复项目情况等信息。

（6）“十四五”期间可移动文物保护修复项目筹划，主要包括2021—2025年拟申报可移动文物保护修复项目情况等信息。

3. 工作目标

（1）贯彻落实习近平总书记关于文物保护工作的重要论述和重要指示批示精神，以及国务院《关于进一步加强文物工作的指导意见》。

（2）深入分析“十三五”期间山东省可移动文物保护修复工作动态、成绩和不足，掌握全省国有文物系统可移动文物的基本情况、保护现状和存在的问题。

（3）结合、对比“十二五”时期末调研成果，完成此次全省可移动文物保护状况专项调查研究报告。

（4）全面落实《山东省文物事业“十四五”发展规划》，为山东省文化和旅游厅提供全省可移动文物基础数据和保护建议。

（5）建立全省“十四五”时期可移动文物保护修复项目数据库，推动全省有序开展可移动文物保护修复工作，提升全省可移动文物保护修复能力，夯实全省可移动文物保护修复网络体系。

（三）调查方法及依据

此次调查运用的方法主要有在线调查、资料收集分析、实地调查三种。

1. 调查方法

（1）在线调查

按照山东省文化和旅游厅批复的《山东省可移动文物保护状况专项调查工作方案》（鲁文旅博〔2021〕9号）要求，以及《关于协助开展全省可移动文物保护状况专项调查的通知》，各单位根据山东省第一次全国可移动文物普查数据库文物类别进行登记编号。

（2）资料收集分析

汇总在线调查信息，分析总结，撰写调查报告初稿，召开专家咨询会议。同时将调查结果及问题反馈给省直及地方文博单位，并完善调查资料。

（3）实地调查

依据初步分析结果、省文化和旅游厅意见及专家建议，选择代表性市县进行实地调查。实地调查必须到市级博物馆及重点区（县）级博物馆，从而进一步完善调查数据，进行分析整理。

2. 调查依据

（1）《中华人民共和国文物保护法》。

（2）《中华人民共和国文物保护法实施条例》。

（3）《博物馆藏品管理办法》。

（4）《文物认定管理暂行办法》。

（5）《博物馆藏品信息指标体系规范》（试行）。

（6）《可移动文物修复管理办法》（2020 年修订版）。

（四）工作组织、流程及进度安排

1. 工作组织

（1）领导小组

组长：王廷琦

副组长：王传昌、荣瑞峰

（2）办公室

主任：王传昌

副主任：徐军平、吴晓波

成员：吴双成、白广珍、王云鹏、刘靓、刘芳志、王笑、李丛

（3）专家咨询委员会

主任：李化元（中国文物保护技术协会监事长）

委员：马清林（山东大学文化遗产研究院特聘教授）

杨波（山东博物馆研究馆员）

吉树春（潍坊市博物馆研究馆员）

郑捷（山东博物馆研究馆员）

2. 工作流程及进度安排

此次专项调查共用时 8 个月，具体工作内容及进度安排如下：

（1）第一阶段

制定调查工作方案，组织培训、开展在线调查。具体工作内容包括：

①组建专项调查工作领导小组、领导小组办公室和专家咨询委员会。

②编制《山东省可移动文物保护状况专项调查工作方案》及经费预算，并上报专项调查工作领导小组办公室。

③组建调查组。此次山东省可移动文物保护状况专项调查工作由山东省

文化和旅游厅统一领导，山东省文物保护修复中心具体负责，山东省文物保护技术协会参与，各地文物部门协助配合。

④根据工作方案要求，开展在线调查。

（2）第二阶段

组织开展全省可移动文物实地调查和数据信息登记、录入工作。具体工作内容包括：

①收集、整理已有资料，根据山东省第一次全国可移动文物普查资料进行具体的核对工作。

②现场调查、复查、记录。为保证做到不遗漏，对原数据库中没有显示文物数据的区域进行逐一排查，到现场落实该区域可移动文物具体保护情况。

③整理、录入调查资料和数据信息。

④汇总、分析调查数据和资料，上报调查数据。

（3）第三阶段

汇总调研成果，编制全省可移动文物保护状况专项调查研究报告。具体工作内容包括：

①建立全省“十四五”时期可移动文物保护修复项目数据库。

②对比“十二五”时期末调研成果，完成此次全省可移动文物保护状况专项调查研究报告。

二、文物保存状况分析

按照山东省文化和旅游厅 2021 年 11 月 22 日下发的《关于协助开展全省可移动文物保护状况专项调查的通知》，省直文博单位以及各市文化和旅游局、文物局积极配合，及时上报了各单位情况。据统计，参加此次调研数据填报的单位共有 188 个（附表 1），其中国有文博单位 176 个，包括省直单位 4 个，济南市属单位 12 个，青岛市属单位 12 个，淄博市属单位 13 个，枣庄市属单位 9 个，东营市属单位 3 个，烟台市属单位 16 个，潍坊市属单位 15 个，济宁市属单位 15 个，泰安市属单位 11 个，威海市属单位 7 个，日照市属单位 4 个，滨州市属单位 8 个，德州市属单位 6 个，聊城市属单位 12 个，临沂市属单位 13 个，菏泽市属单位 16 个；另有高校机构 5 个，社会力量 7 个（图 2-1）。

（一）总体状况分析

本次调查统计山东省馆藏可移动文物共计 4313499 件。其中，“状态稳定，不需修复”者有 3463449 件，约占总数的 80.29%；“部分损腐，需要修复”者有 772334 件，约占总数的 17.91%；“腐蚀损毁严重，急需修复”者有 77716 件，约占总数的 1.80%。不同类别可移动文物所占比例分别为：金属文物 66.05%，陶瓷文物 5.59%，纸质文物 21.21%，石质文物 3.10%，牙骨角器文物 1.23%，漆木器文物 0.67%，织绣文物 0.53%，标本化石文物 0.20%，其他类文物 1.43%（图 2-2、2-3、2-4、2-5，附表 2、附表 3）。

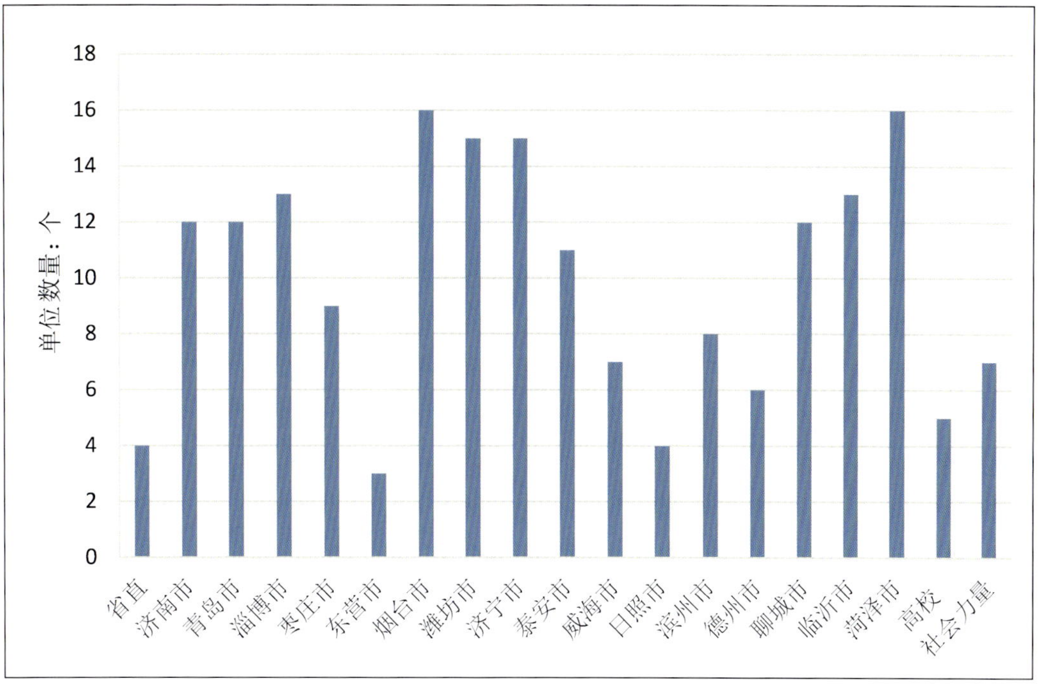

图 2-1　山东省可移动文物保护状况专项调研参与单位情况

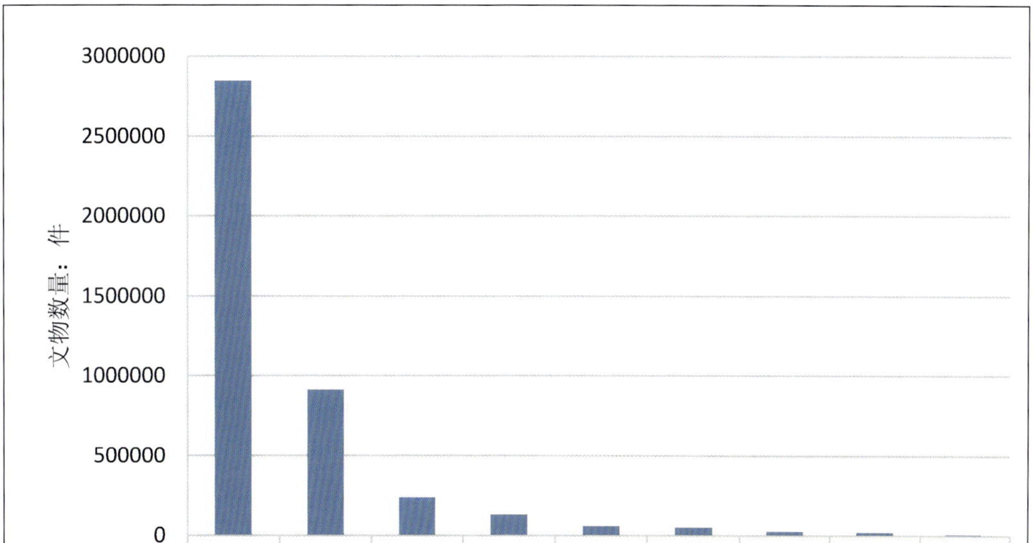

金属	纸质	陶瓷	石质	其他	牙骨角器	漆木器	织绣	标本化石
2848925	914782	241058	133817	61646	52963	29063	22741	8504

图 2-2　山东省馆藏可移动文物类别及数量情况

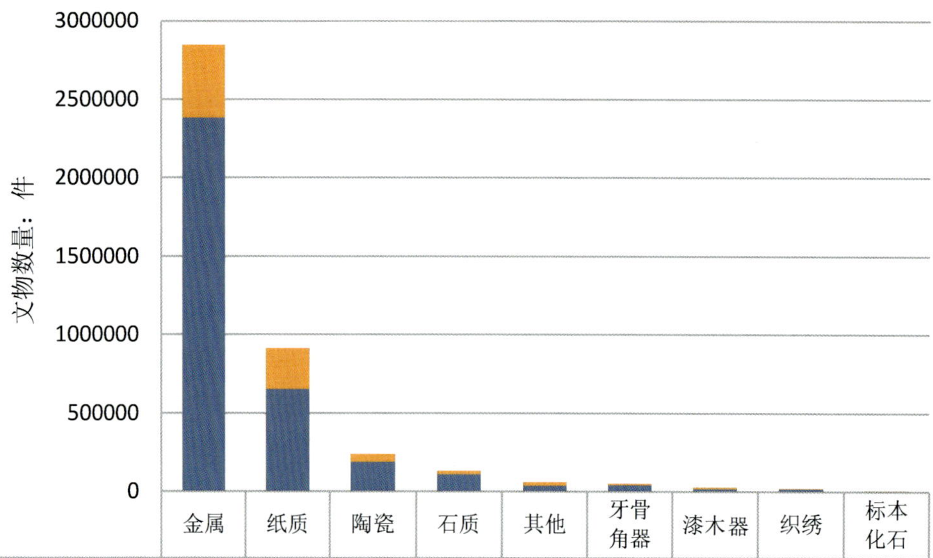

	金属	纸质	陶瓷	石质	其他	牙骨角器	漆木器	织绣	标本化石
需要修复	463305	259641	51867	23511	22427	10308	9154	3929	5908
状态稳定，不需修复	2385620	655141	189191	110306	39219	42655	19909	18812	2596

图 2-3　山东省各类别可移动文物总数及需要修复的文物数量情况

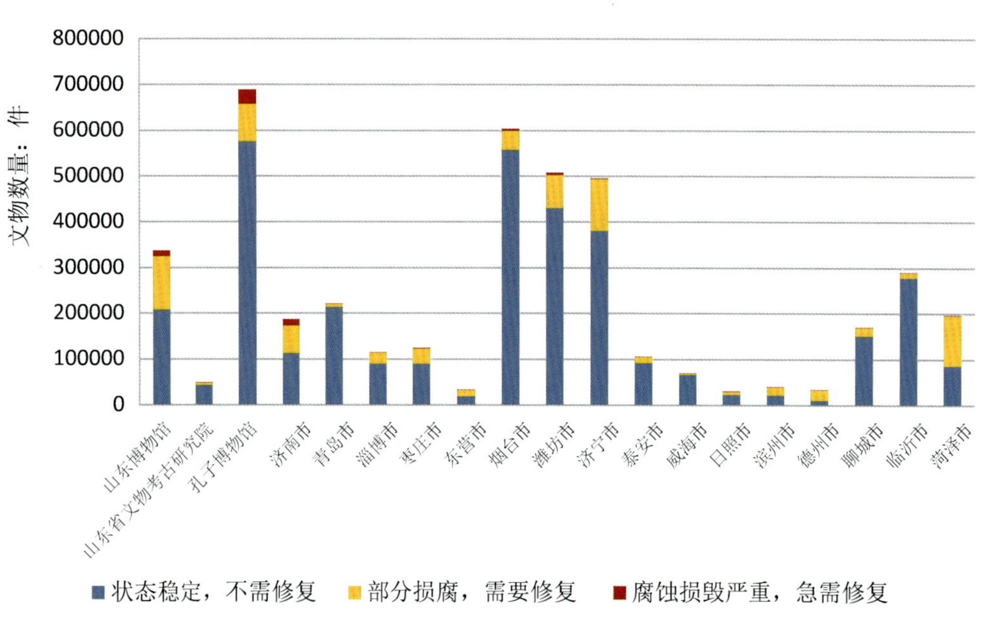

图 2-4　山东省各地市可移动文物收藏情况

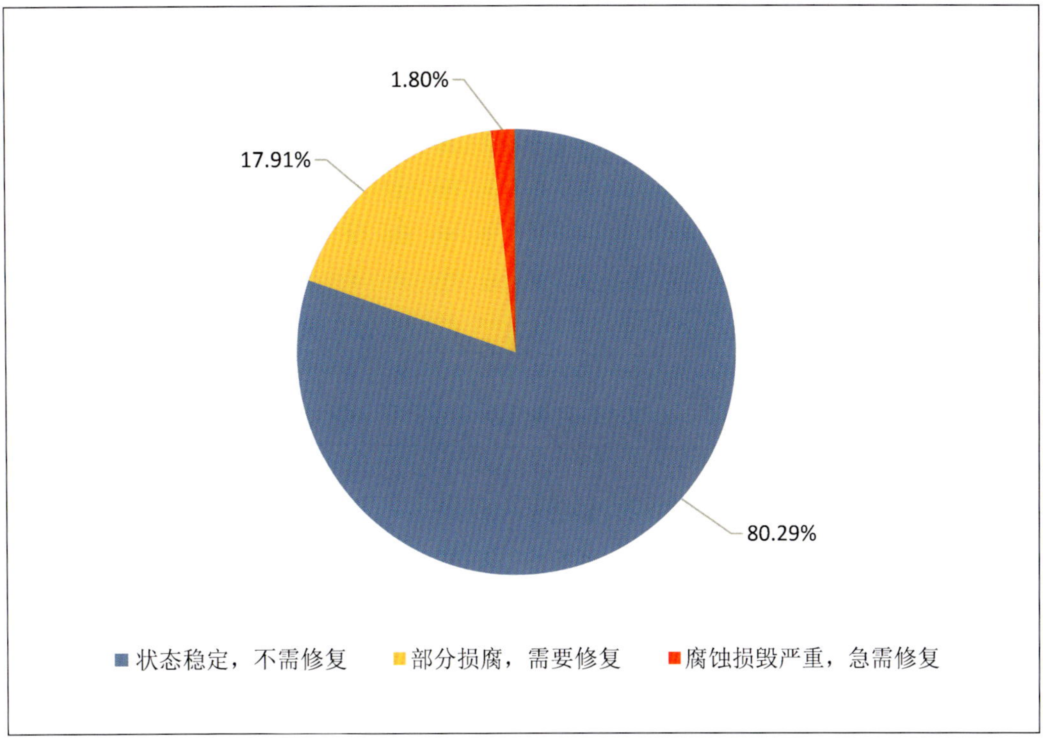

图 2-5　山东省可移动文物保存状况

根据“十二五”时期末对全省 178 个文博单位的文物数量统计数据，彼时共有可移动文物 941388 件 / 套（“十二五”时期文物数量按单位“件 / 套”统计，“十三五”时期文物数量按文物最小单位“件”统计，所以两个时期统计的总数有差别），其中保存完好的文物有 526955 件 / 套（占比 55.98%），存在稳定病害的文物有 264242 件 / 套（占比 28.07%），濒危文物有 150191 件 / 套（占比 15.95%）。两相比较可以看出，截至“十三五”时期末，“状态稳定，不需修复”的文物数量占比大幅提升，从 55.98% 提升至 80.29%；“部分损腐，需要修复”和“腐蚀损毁严重，急需修复”的文物数量占比大幅下降，分别从 28.07%、15.95% 下降至 17.91%、1.80%。由于两次调研的统计单位和统计文物数量有所不同，因此统计数据的精确性和可比性存在一定差异，但是，从不需修复的文物占比上升和需要修复的文物占比下降等趋势可以看出，

“十三五”期间，有大量文物得到有效保护修复，山东省可移动文物保护工作取得了较好的成绩（图 2-6）。

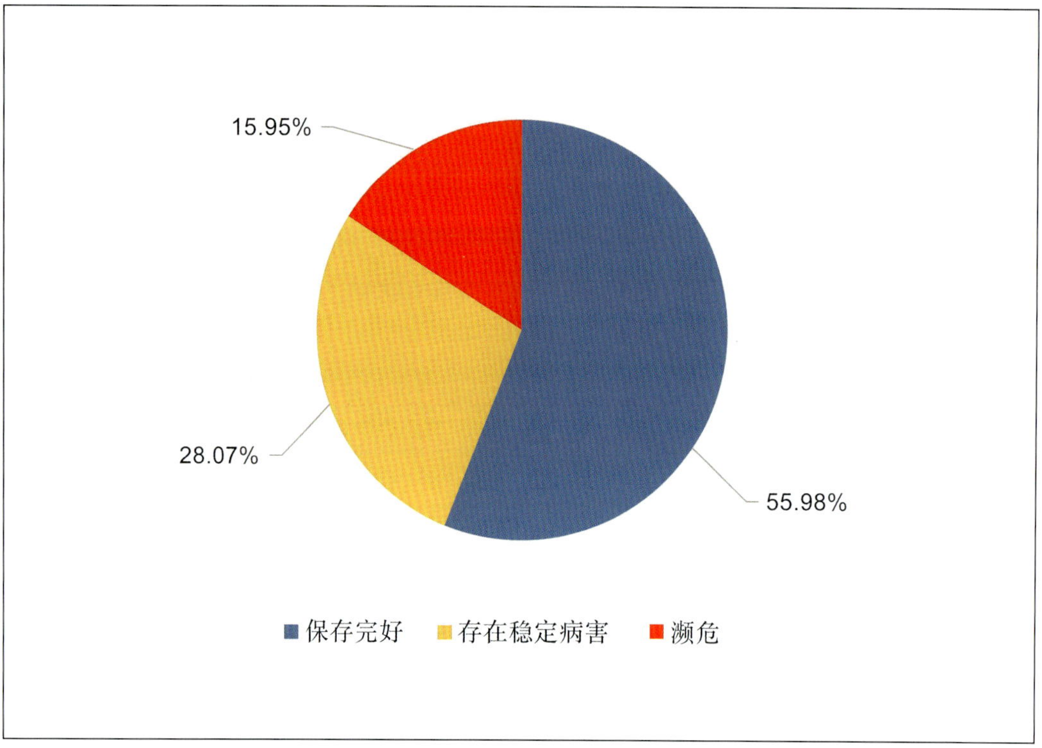

图 2-6　“十二五”时期末山东省可移动文物保存状况

（二）不同类别可移动文物状况分析

1. 金属文物

金属文物共计 2848925 件。其中，“状态稳定，不需修复”的有 2385620 件，约占 83.74%；“部分损腐，需要修复”的有 441992 件，约占 15.51%；“腐蚀损毁严重，急需修复”的有 21313 件，约占 0.75%（图 2-7、2-8、2-9、2-10，附表 4）。

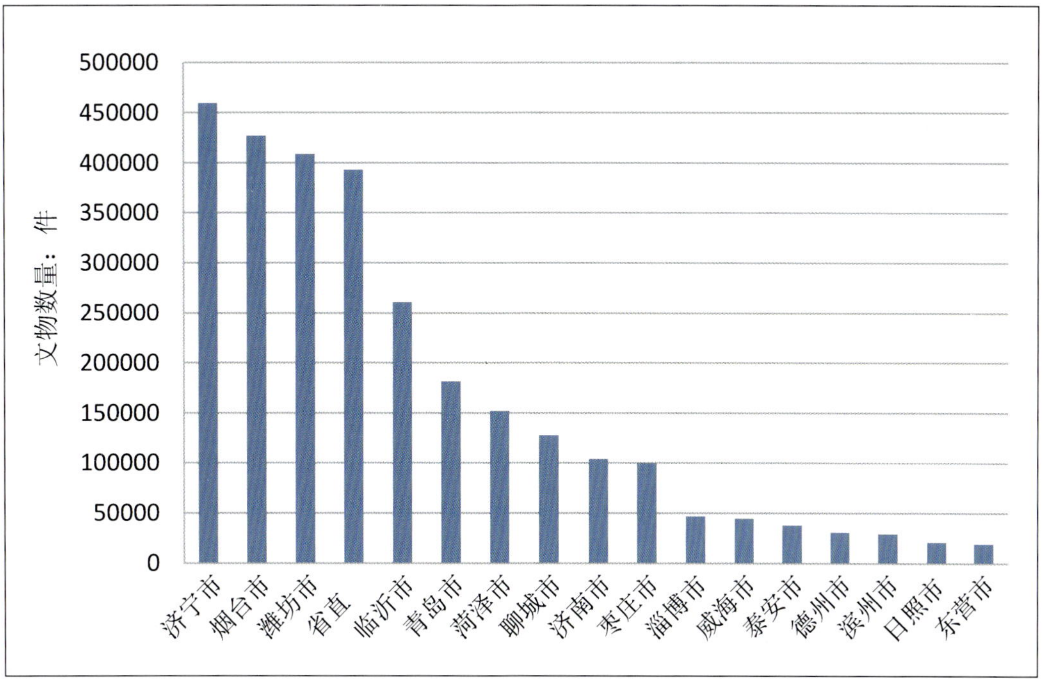

图 2-7　山东省馆藏金属文物分布情况

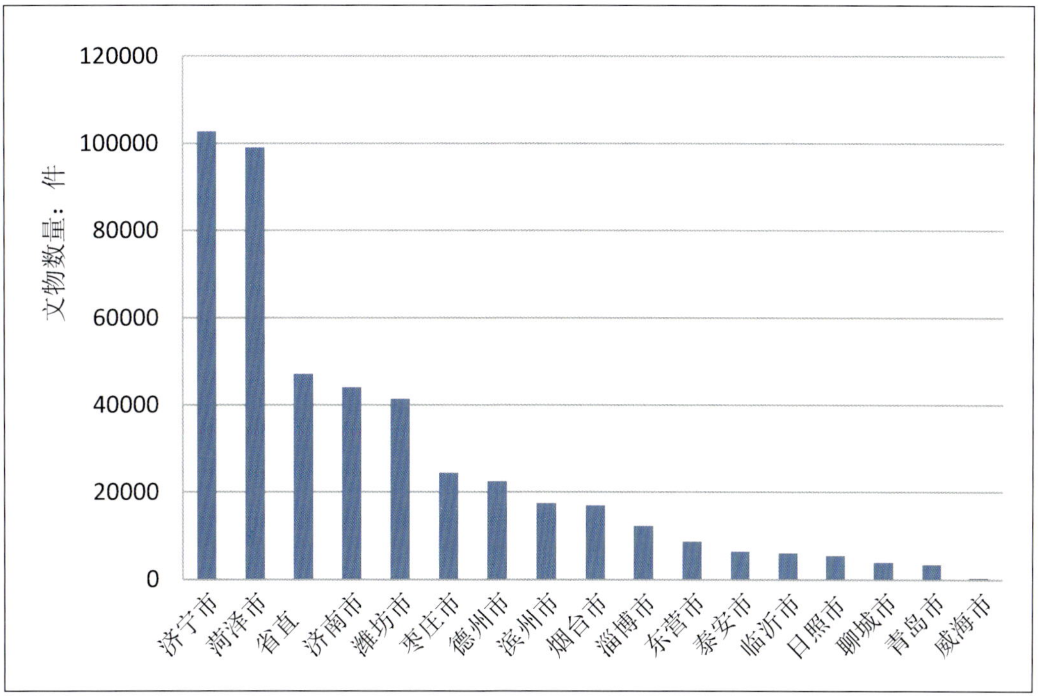

图 2-8　山东省需要修复的馆藏金属文物分布情况

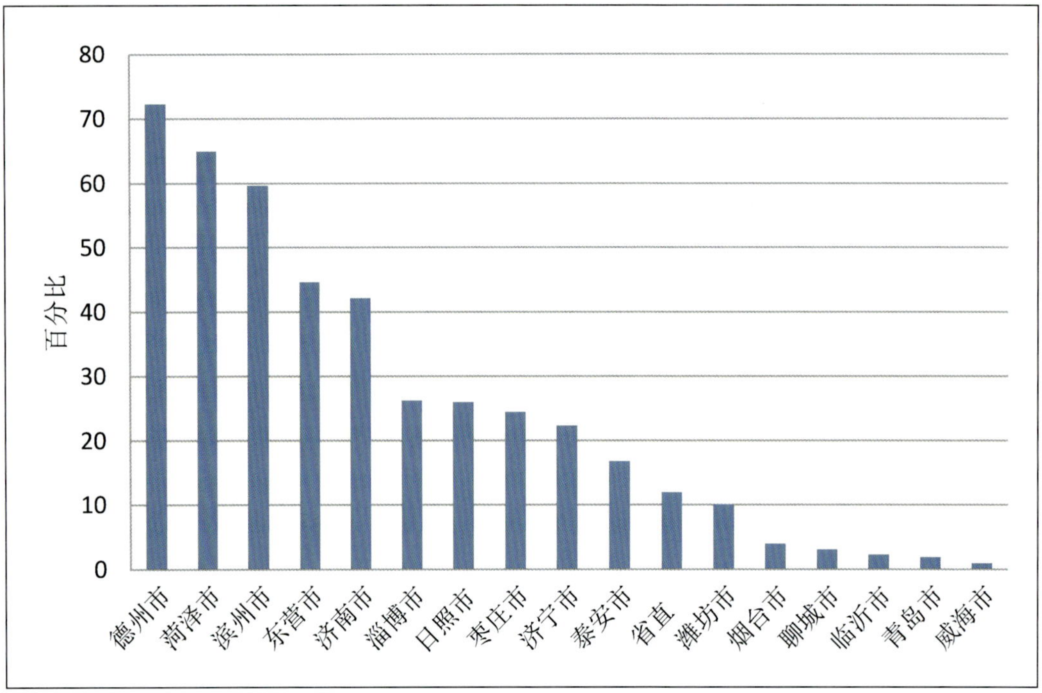

图 2-9 山东省各地市需要修复的馆藏金属文物占比情况

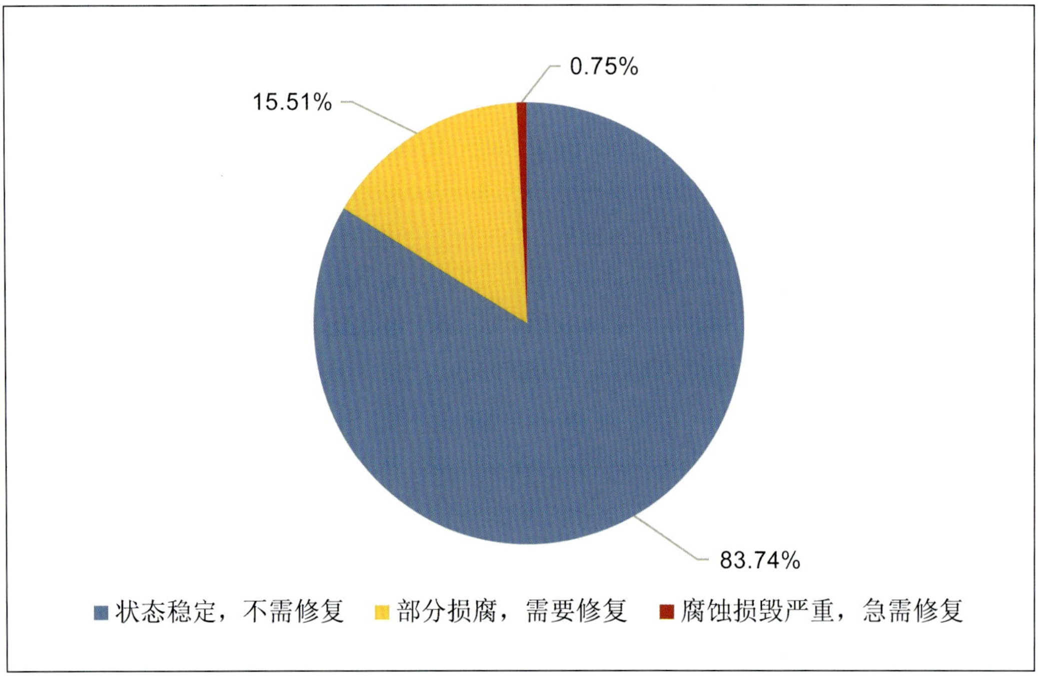

图 2-10 山东省馆藏金属文物保存状况

2. 陶瓷文物

陶瓷文物共计 241058 件。其中，“状态稳定，不需修复”的有 189191 件，约占 78.48%；“部分损腐，需要修复”的有 47863 件，约占 19.86%；“腐蚀损毁严重，急需修复”的有 4004 件，约占 1.66%（图 2-11、2-12、2-13、2-14，附表 5）。

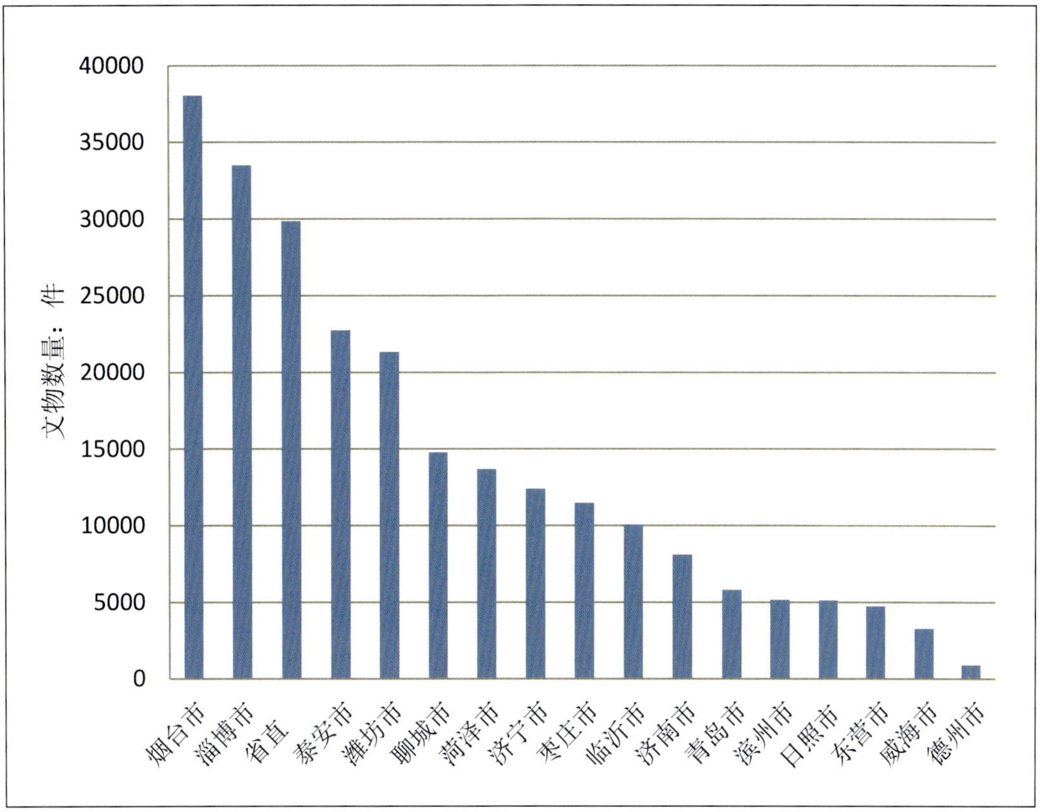

图 2-11 山东省馆藏陶瓷文物分布情况

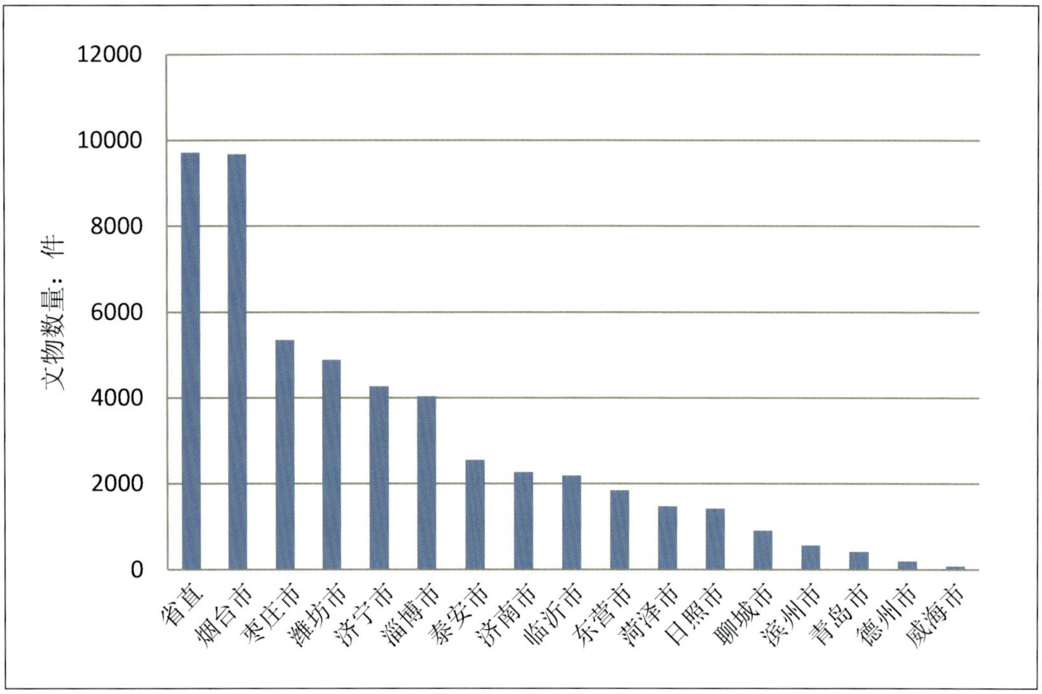

图 2-12　山东省需要修复的馆藏陶瓷文物分布情况

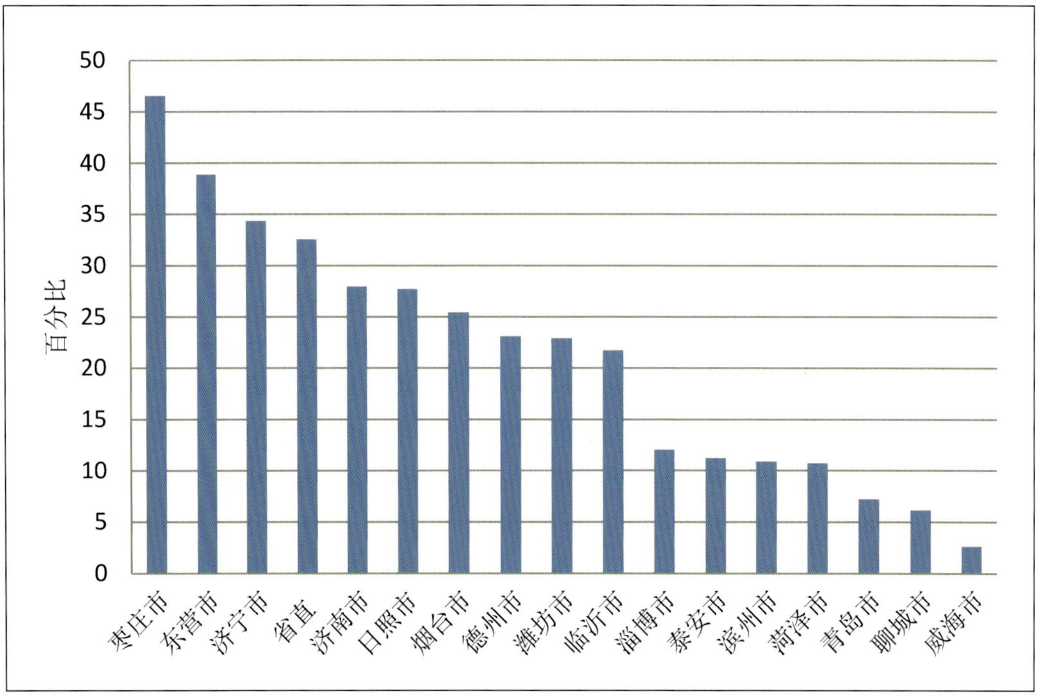

图 2-13　山东省各地市需要修复的馆藏陶瓷文物占比情况

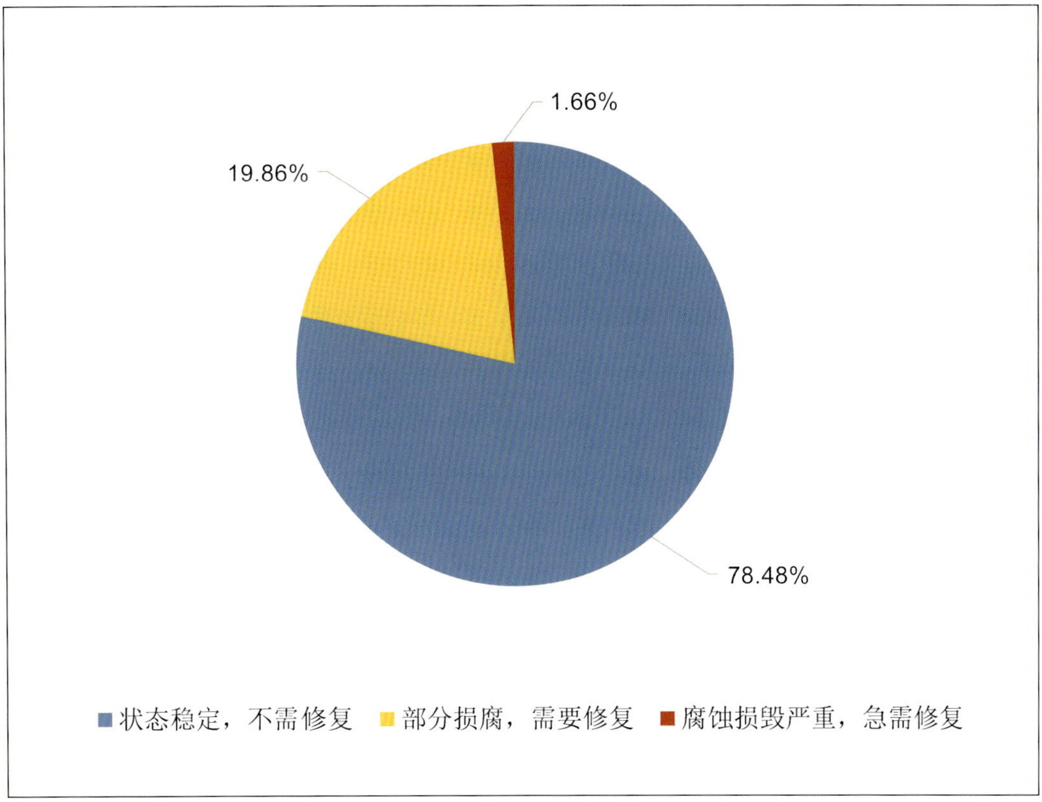

图 2-14　山东省馆藏陶瓷文物保存状况

3. 纸质文物

纸质文物共计 914782 件。其中，“状态稳定，不需修复”的有 655141 件，约占 71.62%；“部分损腐，需要修复”的有 210807 件，约占 23.04%；“腐蚀损毁严重，急需修复”的有 48834 件，约占 5.34%（图 2-15、2-16、2-17、2-18，附表 6）。

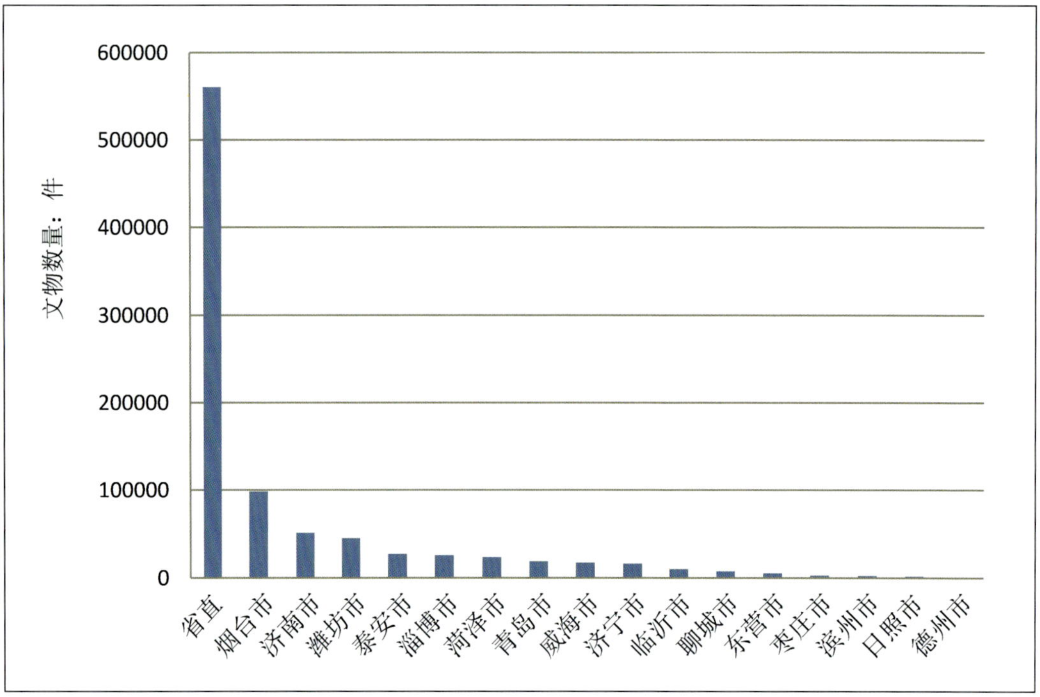

图 2-15　山东省馆藏纸质文物分布情况

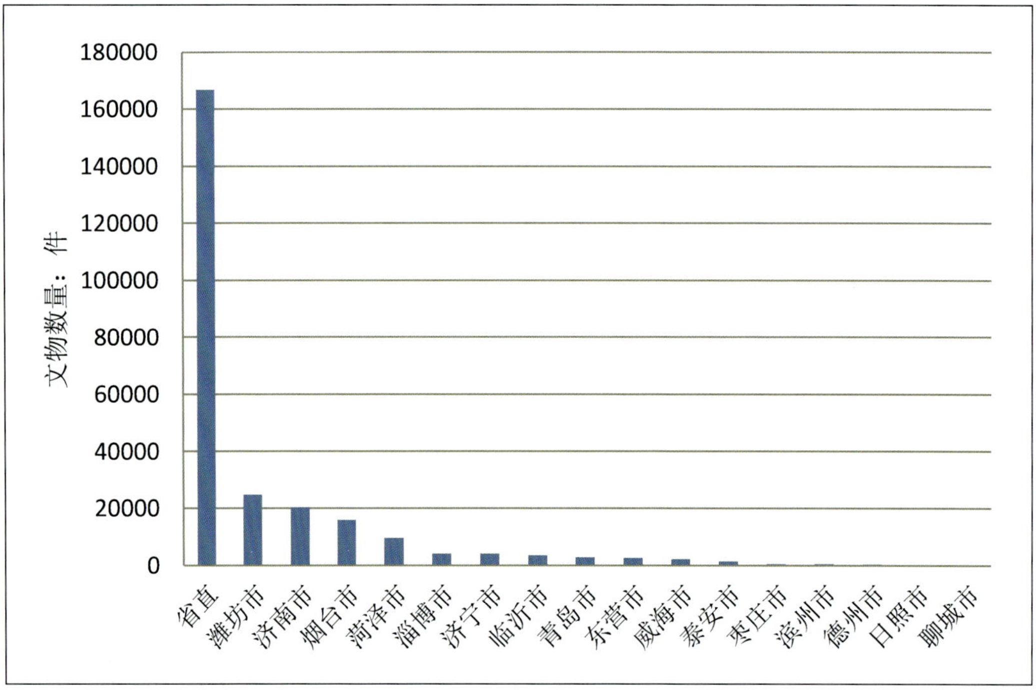

图 2-16　山东省需要修复的馆藏纸质文物分布情况

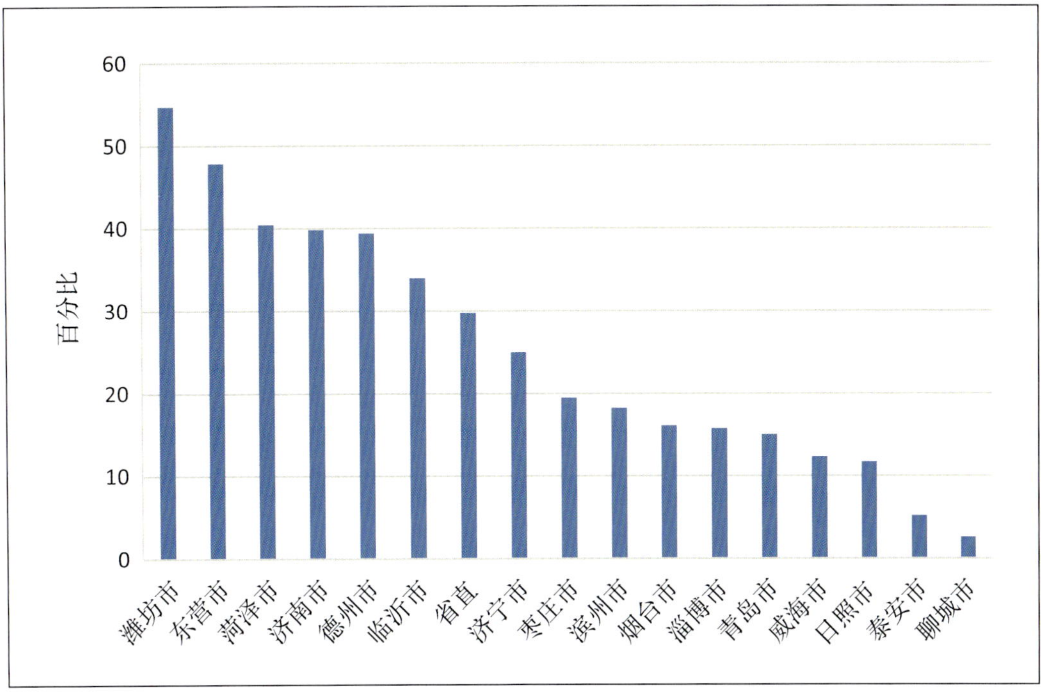

图 2-17　山东省各地市需要修复的馆藏纸质文物占比情况

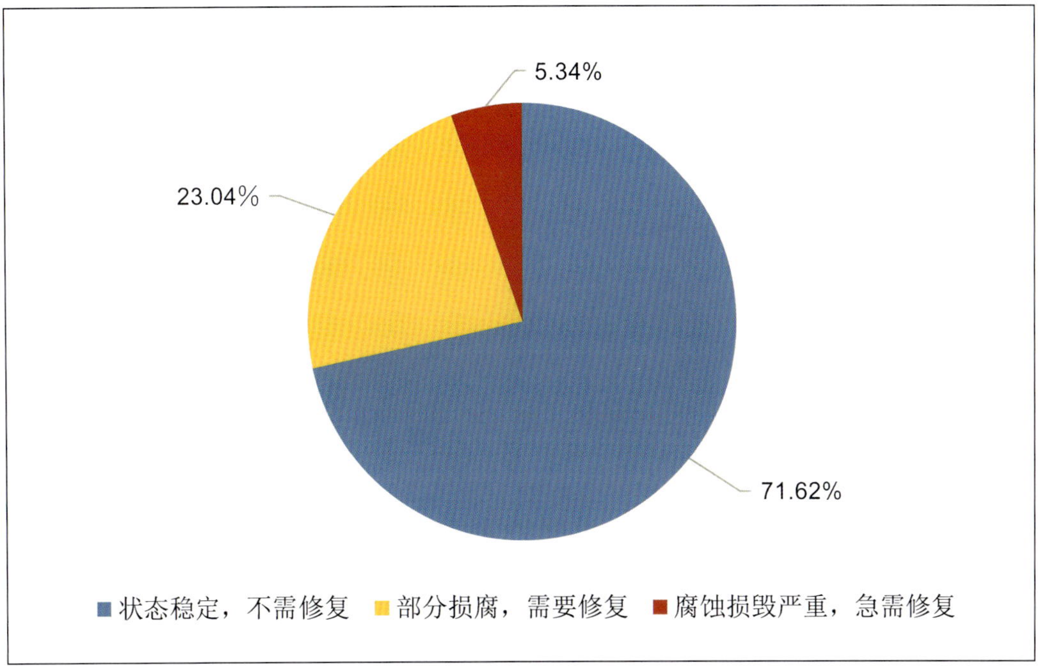

图 2-18　山东省馆藏纸质文物保存状况

4. 石质文物

石质文物共计 133817 件。其中，“状态稳定，不需修复”的有 110306 件，约占 82.43%；“部分损腐，需要修复”的有 22243 件，约占 16.62%；“腐蚀损毁严重，急需修复”的有 1268 件，约占 0.95%（图 2-19、2-20、2-21、2-22，附表 7）。

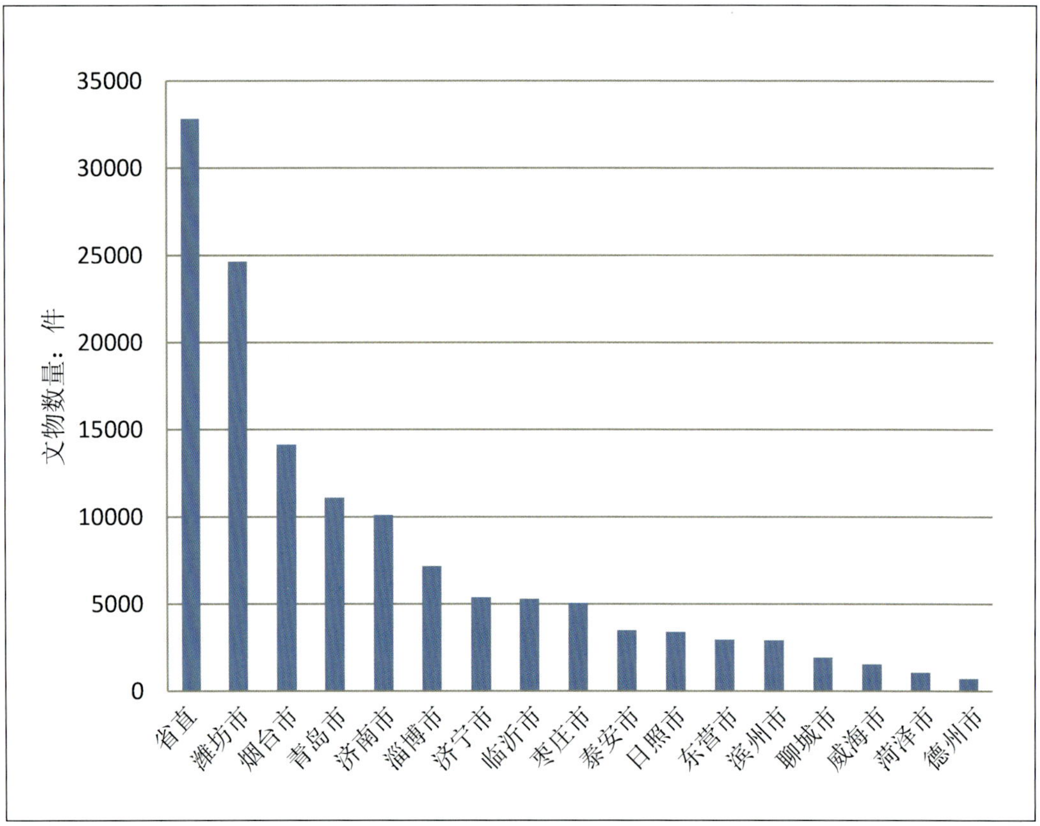

图 2-19　山东省馆藏石质文物分布情况

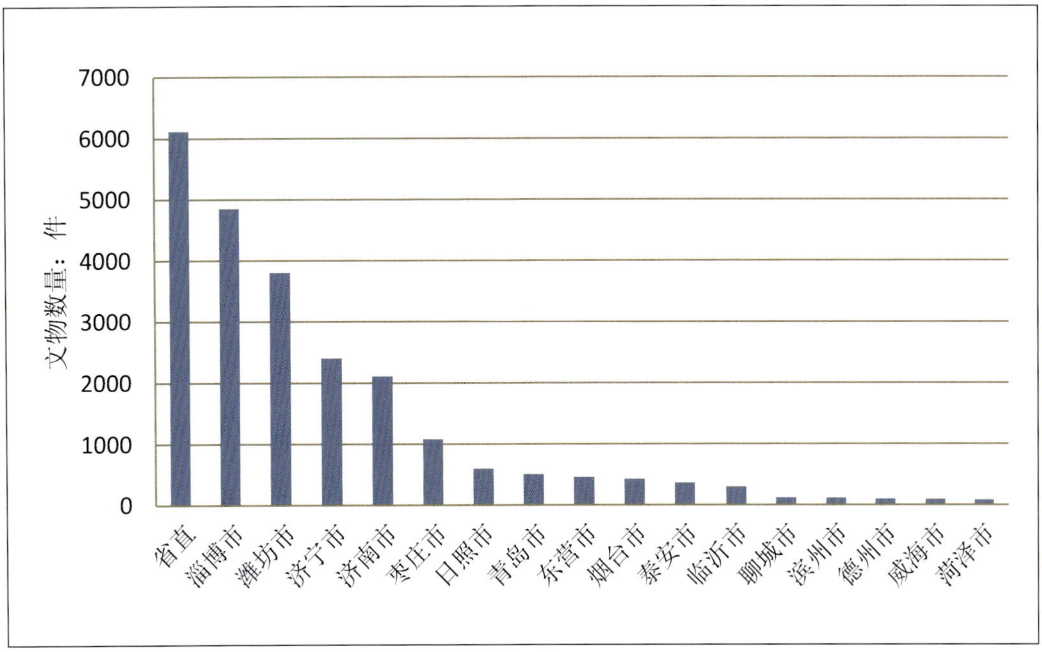

图 2-20　山东省需要修复的馆藏石质文物分布情况

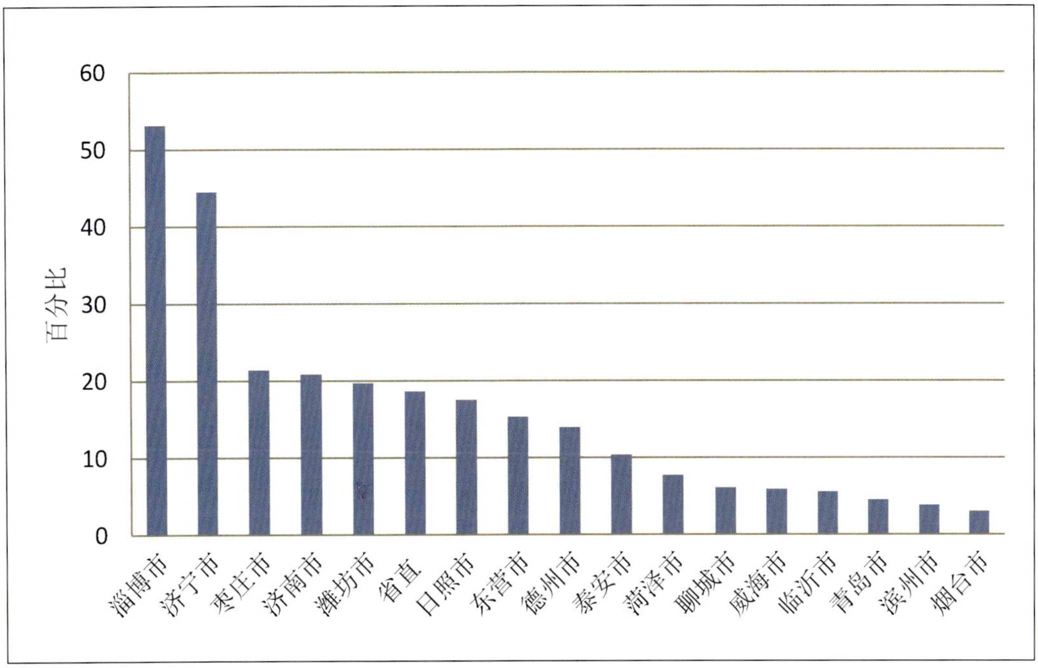

图 2-21　山东省各地市需要修复的馆藏石质文物占比情况

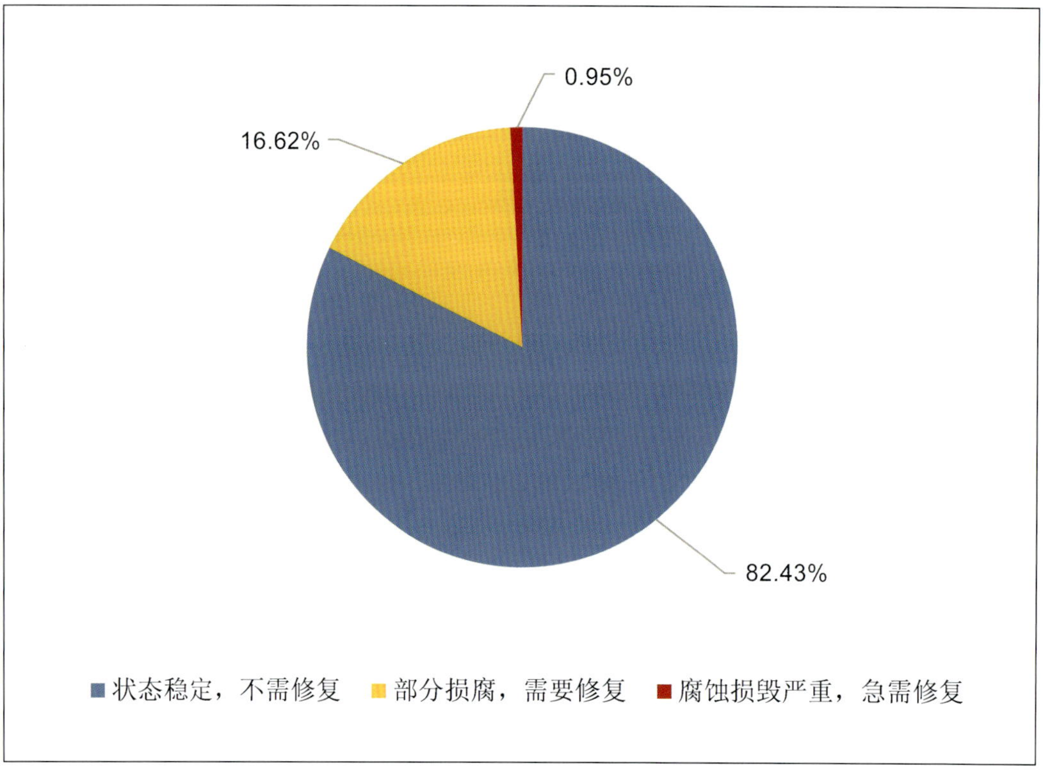

图 2-22　山东省馆藏石质文物保存状况

5. 牙骨角器文物

牙骨角器文物共计 52963 件。其中，“状态稳定，不需修复”的有 42655 件，约占 80.54%；“部分损腐，需要修复”的有 9939 件，约占 18.77%；“腐蚀损毁严重，急需修复”的有 369 件，约占 0.70%（图 2-23、2-24、2-25、2-26，附表 8）。

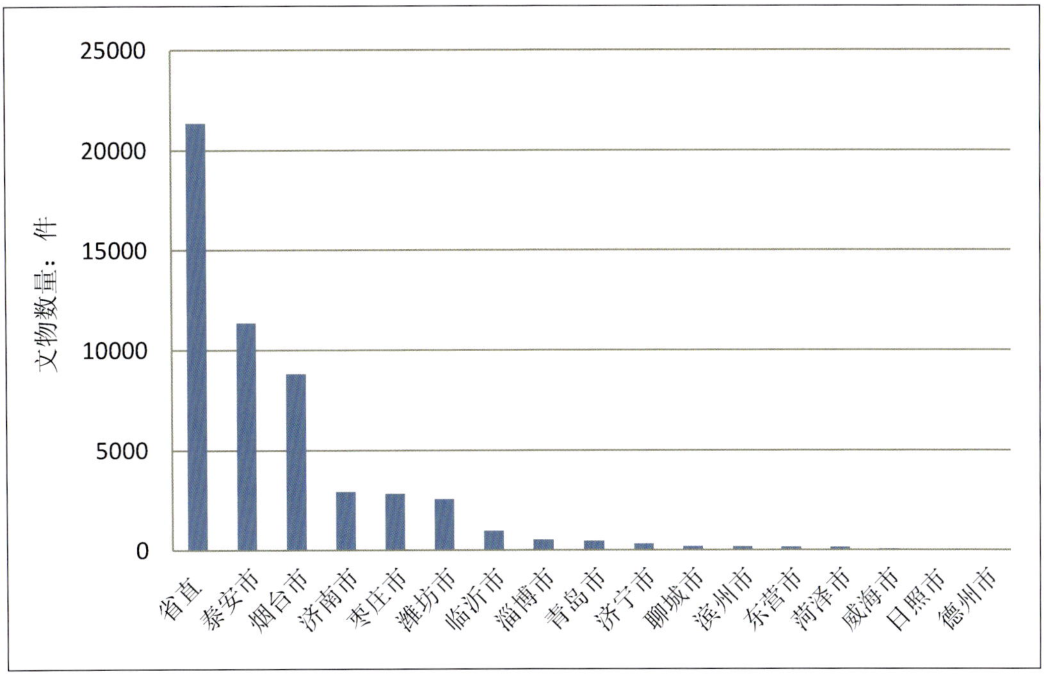

图 2-23 山东省馆藏牙骨角器文物分布情况

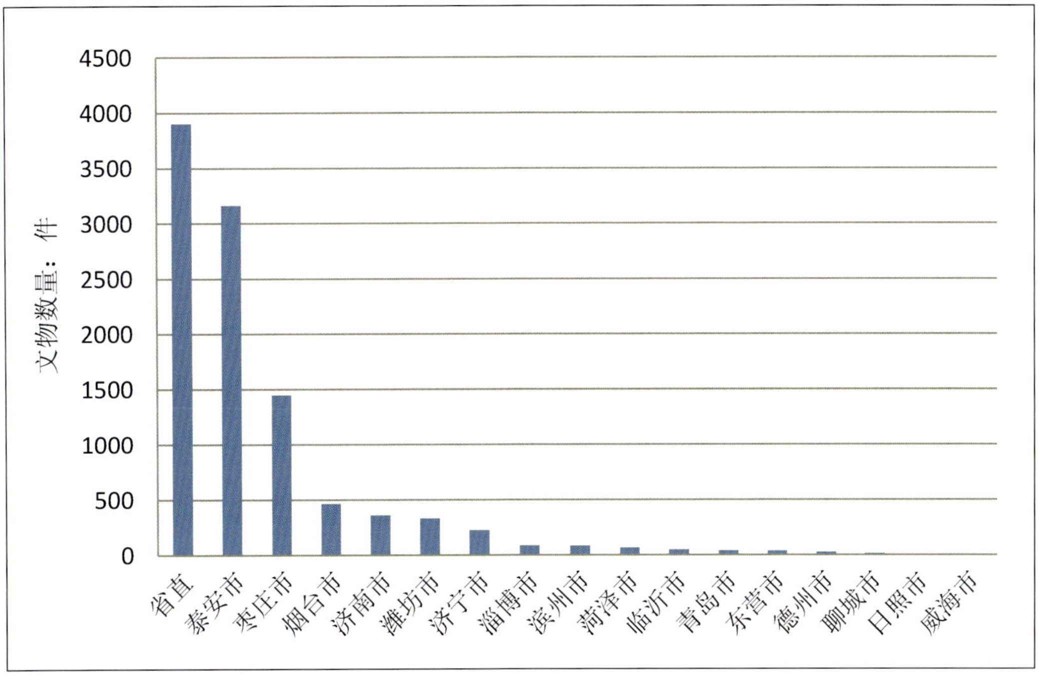

图 2-24 山东省需要修复的馆藏牙骨角器文物分布情况

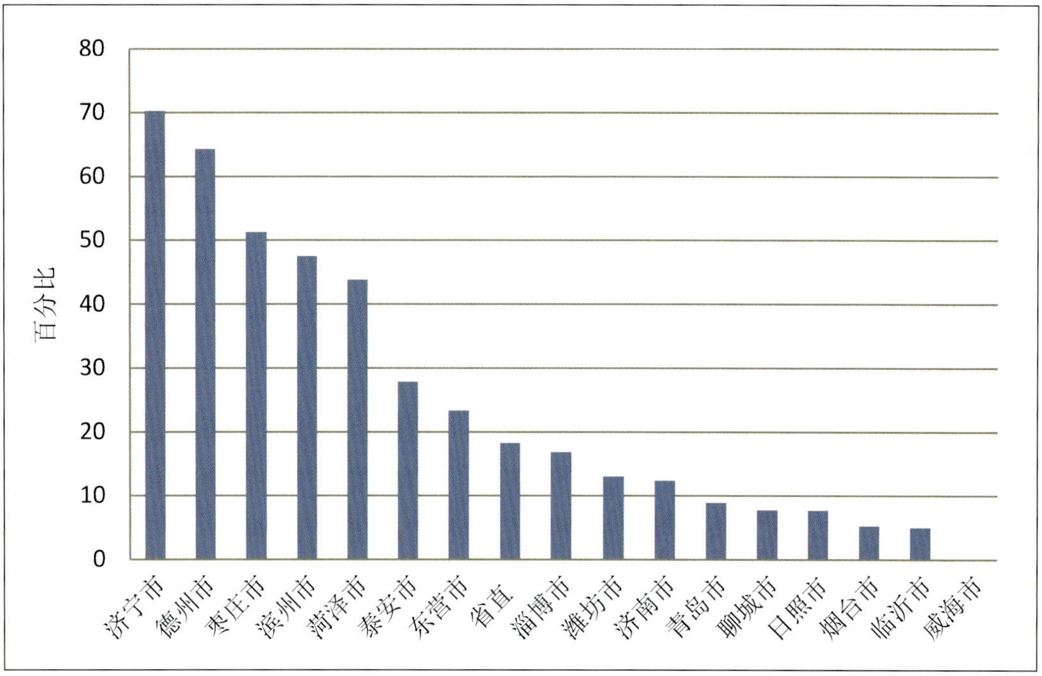

图 2-25　山东省各地市需要修复的馆藏牙骨角器文物占比情况

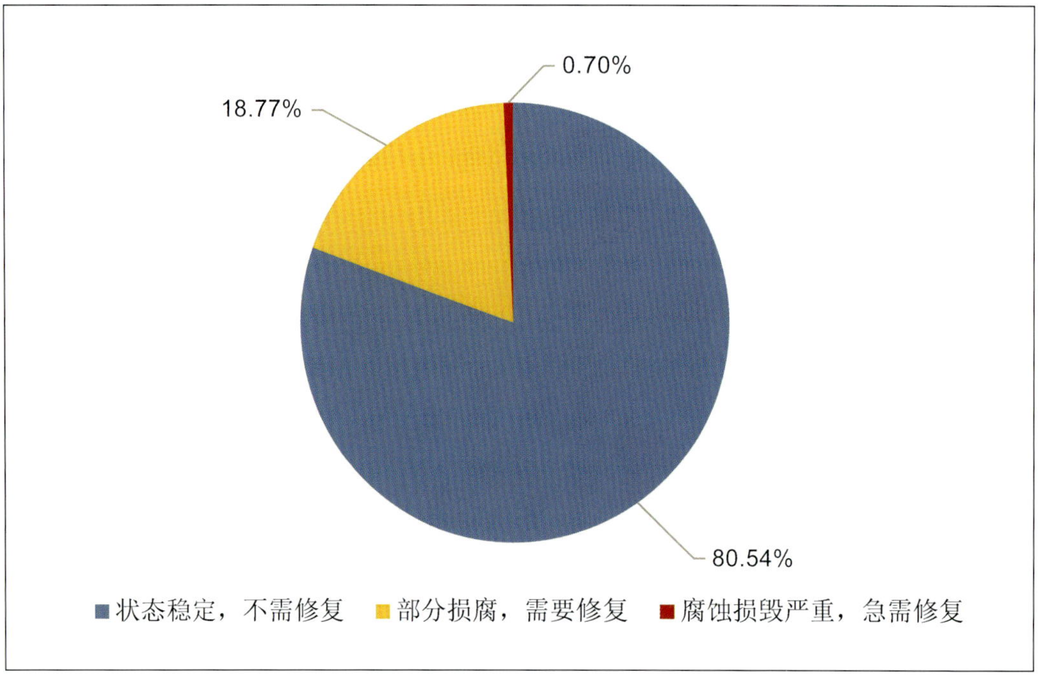

图 2-26　山东省馆藏牙骨角器文物保存状况

6. 漆木器文物

漆木器文物共计 29063 件。其中，“状态稳定，不需修复”的有 19909 件，约占 68.50%；“部分损腐，需要修复”的有 8312 件，约占 28.60%；“腐蚀损毁严重，急需修复”的有 842 件，约占 2.90%（图 2-27、2-28、2-29、2-30，附表 9）。

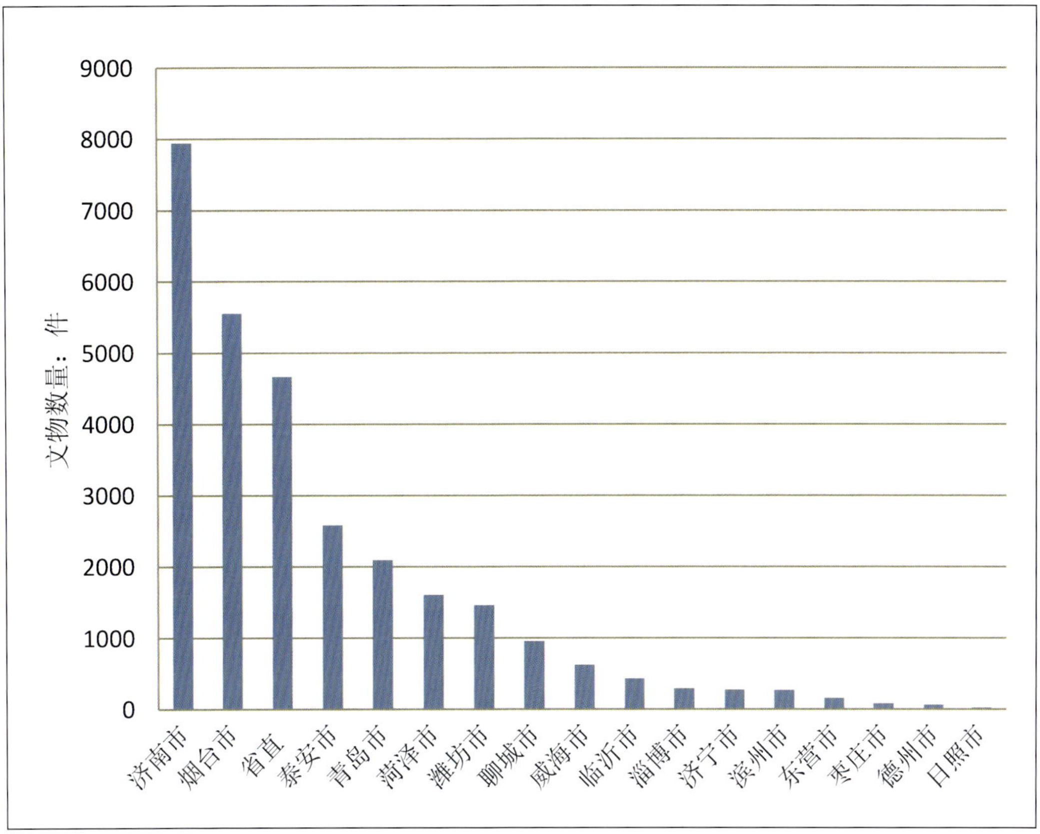

图 2-27 山东省馆藏漆木器文物分布情况

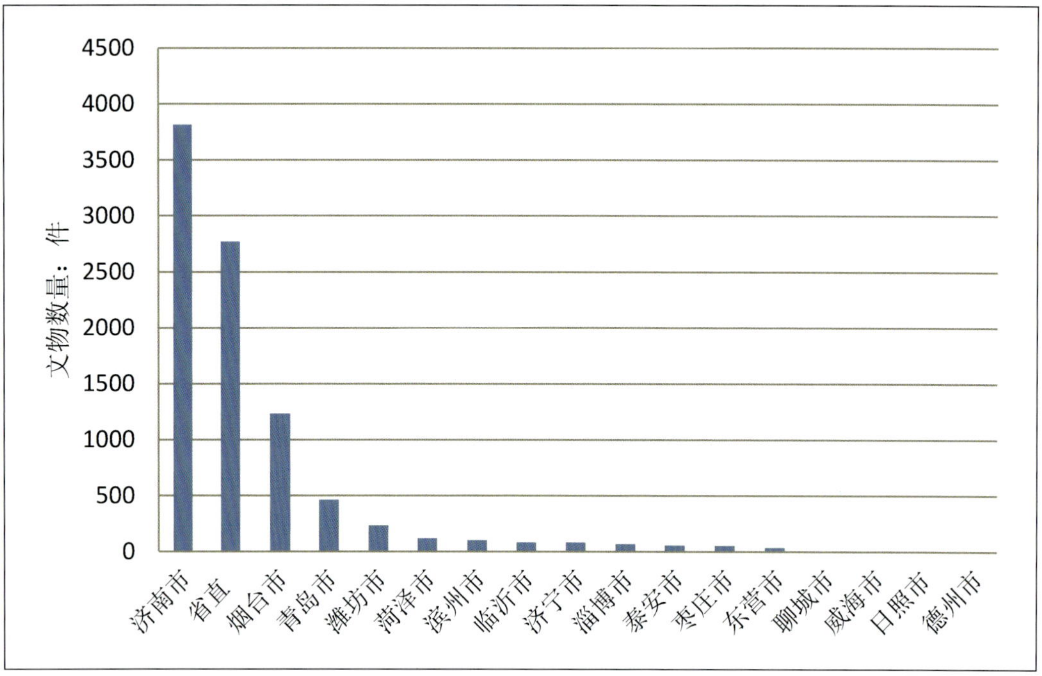

图 2-28　山东省需要修复的馆藏漆木器文物分布情况

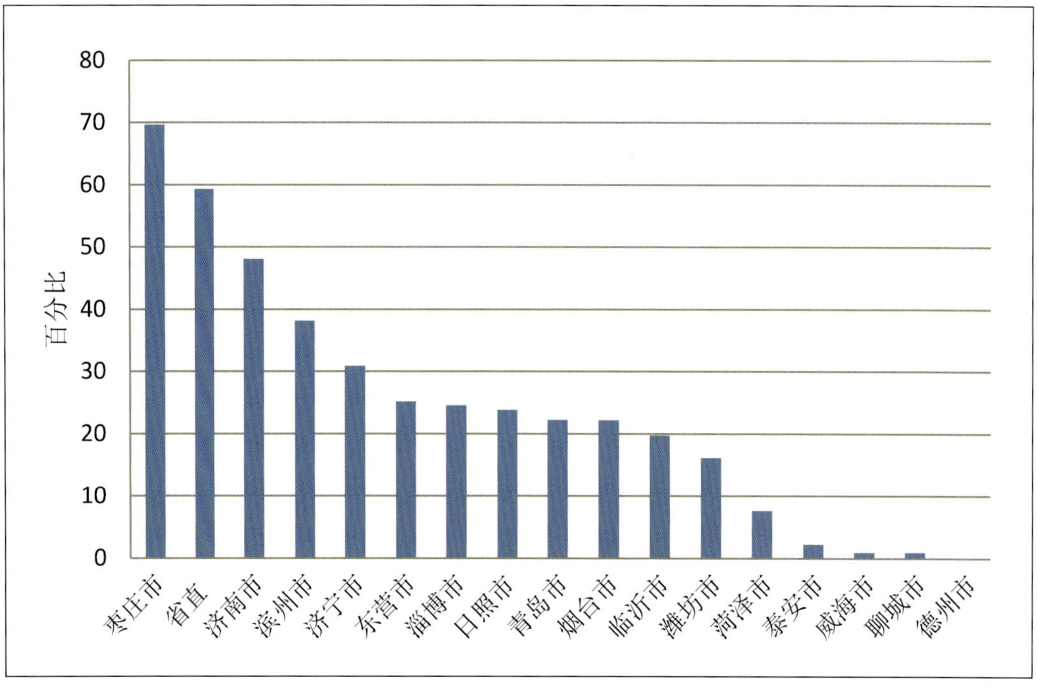

图 2-29　山东省各地市需要修复的馆藏漆木器文物占比情况

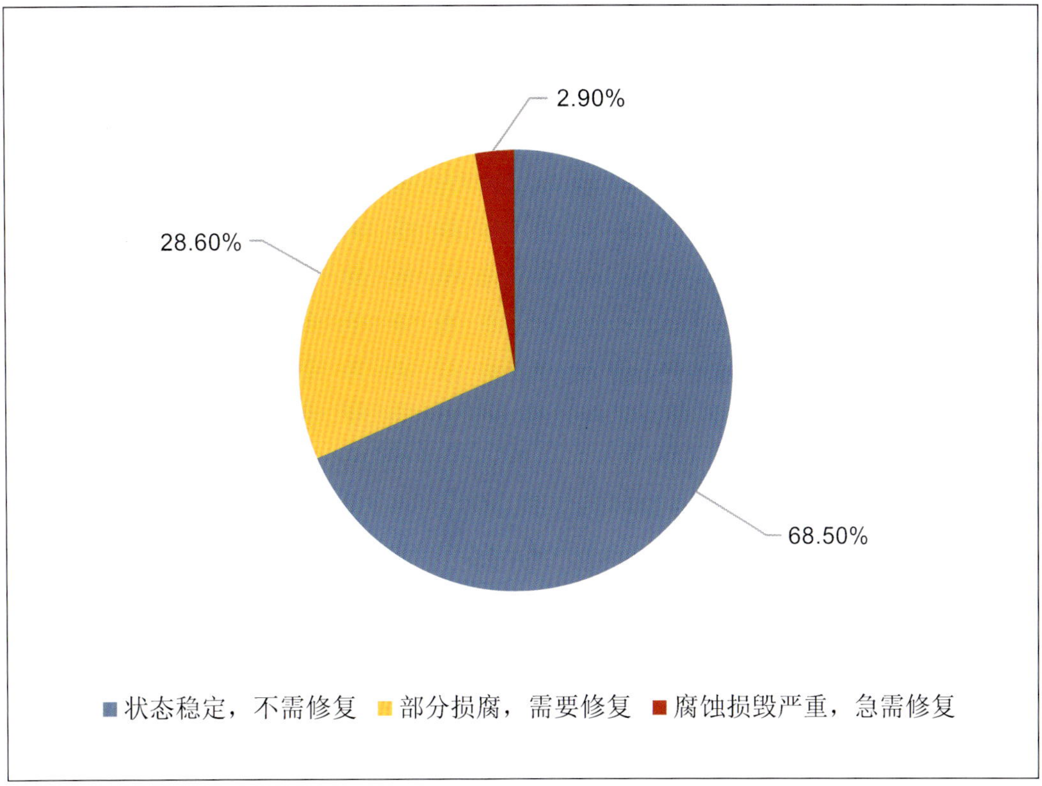

图 2-30　山东省馆藏漆木器文物保存状况

7. 织绣文物

织绣文物共计 22741 件。其中，“状态稳定，不需修复”的有 18812 件，约占 82.72%；“部分损腐，需要修复”的有 3766 件，约占 16.56%；“腐蚀损毁严重，急需修复”的有 163 件，约占 0.72%（图 2-31、2-32、2-33、2-34，附表 10）。

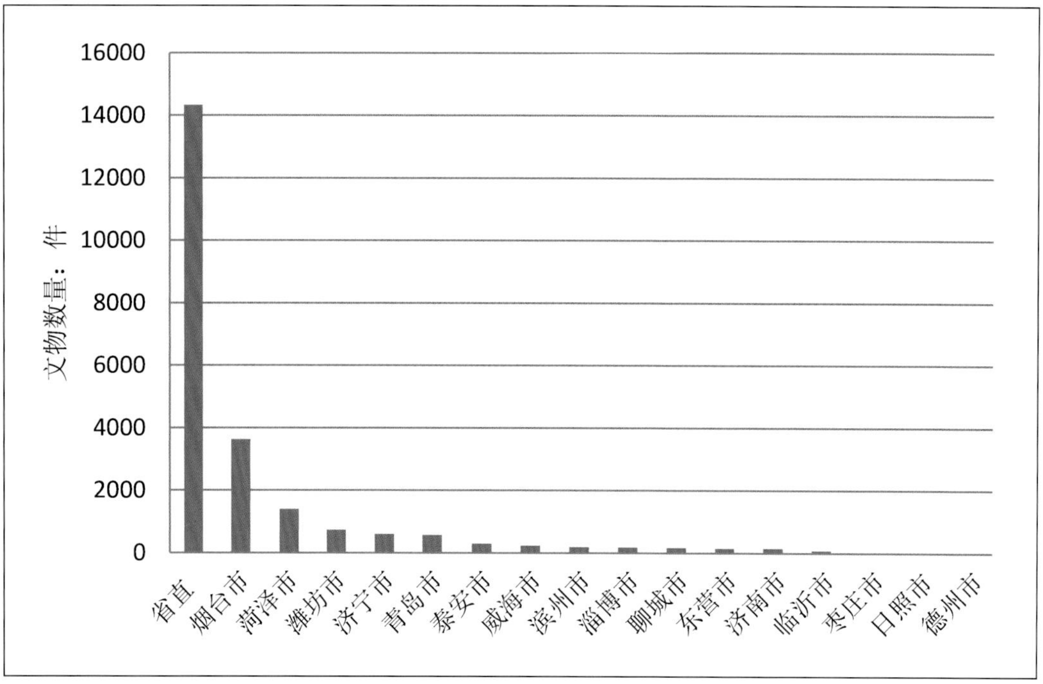

图 2-31　山东省馆藏织绣文物分布情况

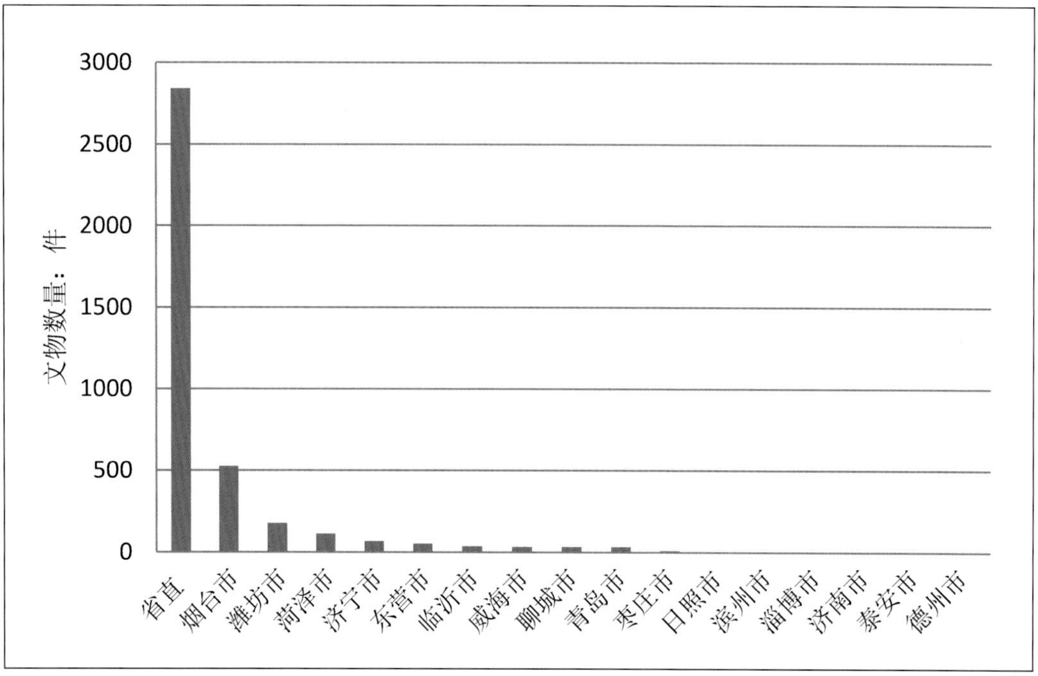

图 2-32　山东省需要修复的馆藏织绣文物分布情况

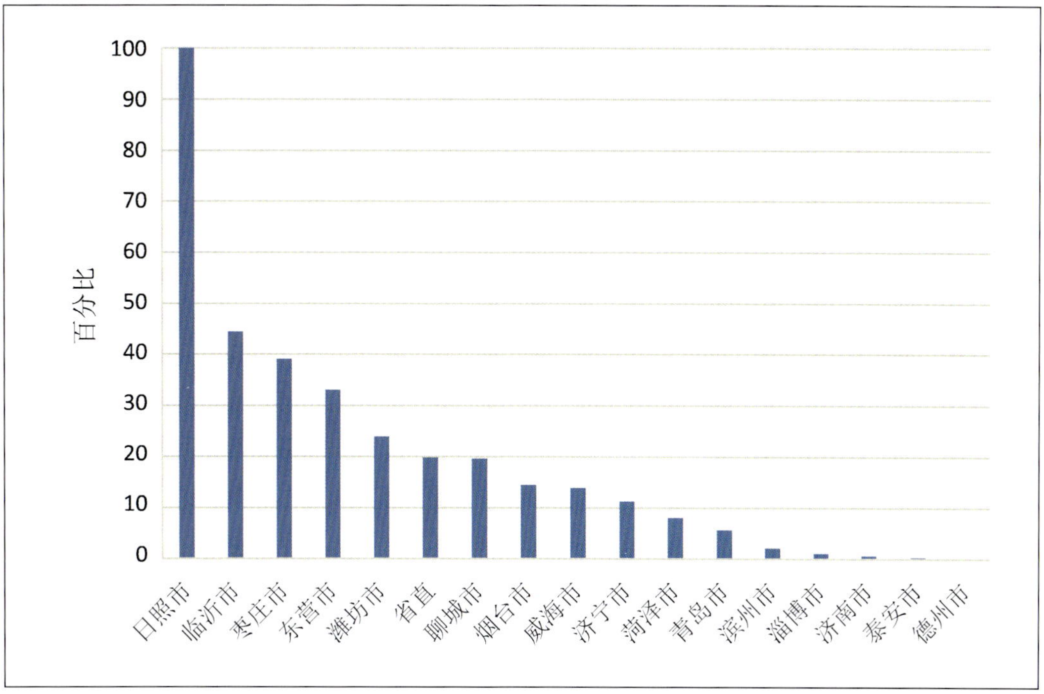

图 2-33　山东省各地市需要修复的馆藏织绣文物占比情况

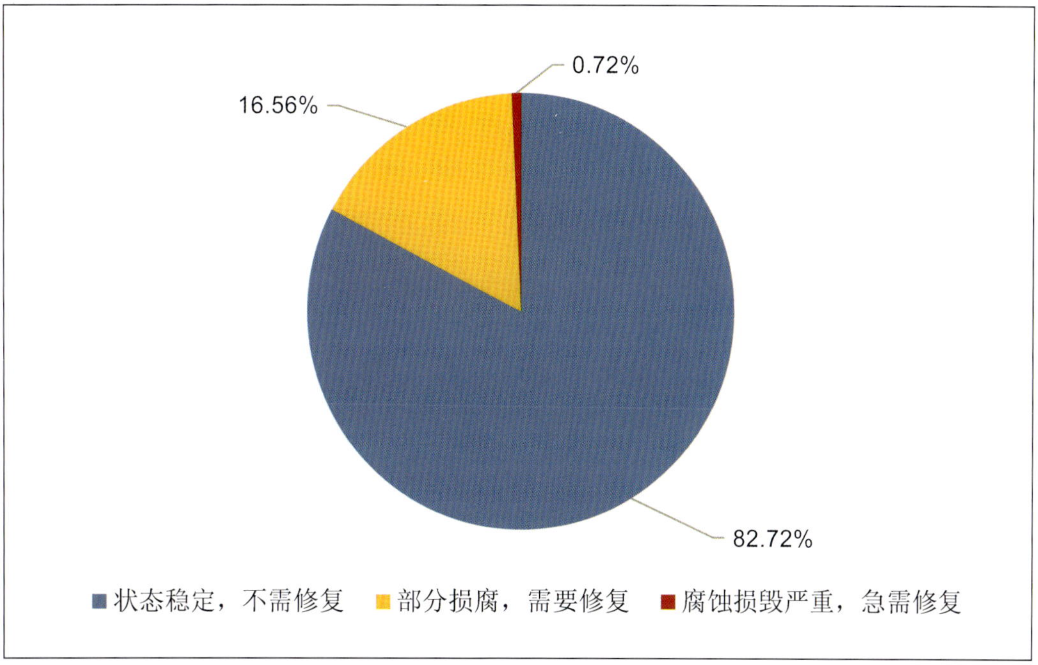

图 2-34　山东省馆藏织绣文物保存状况

8. 标本化石文物

标本化石文物共计 8504 件。其中，“状态稳定，不需修复”的有 2596 件，约占 30.53%；“部分损腐，需要修复”的有 5149 件，约占 60.55%；“腐蚀损毁严重，急需修复”的有 759 件，约占 8.93%（图 2-35、2-36、2-37、2-38，附表 11）。

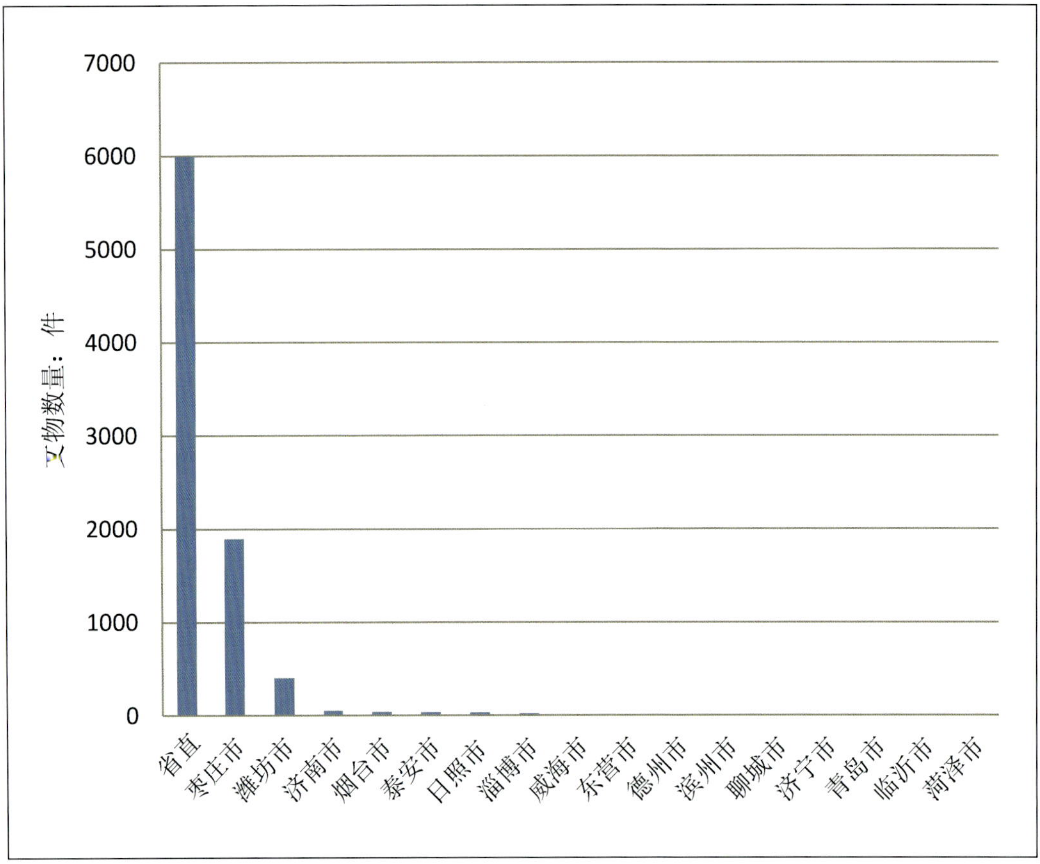

图 2-35　山东省馆藏标本化石文物分布情况

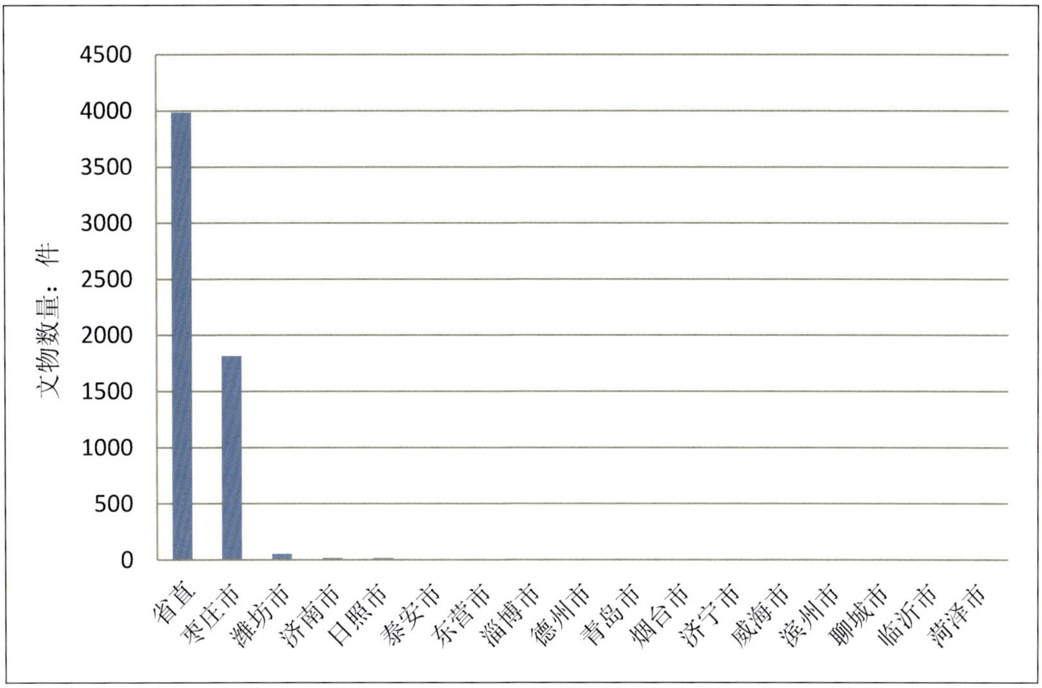

图 2-36 山东省需要修复的馆藏标本化石文物分布情况

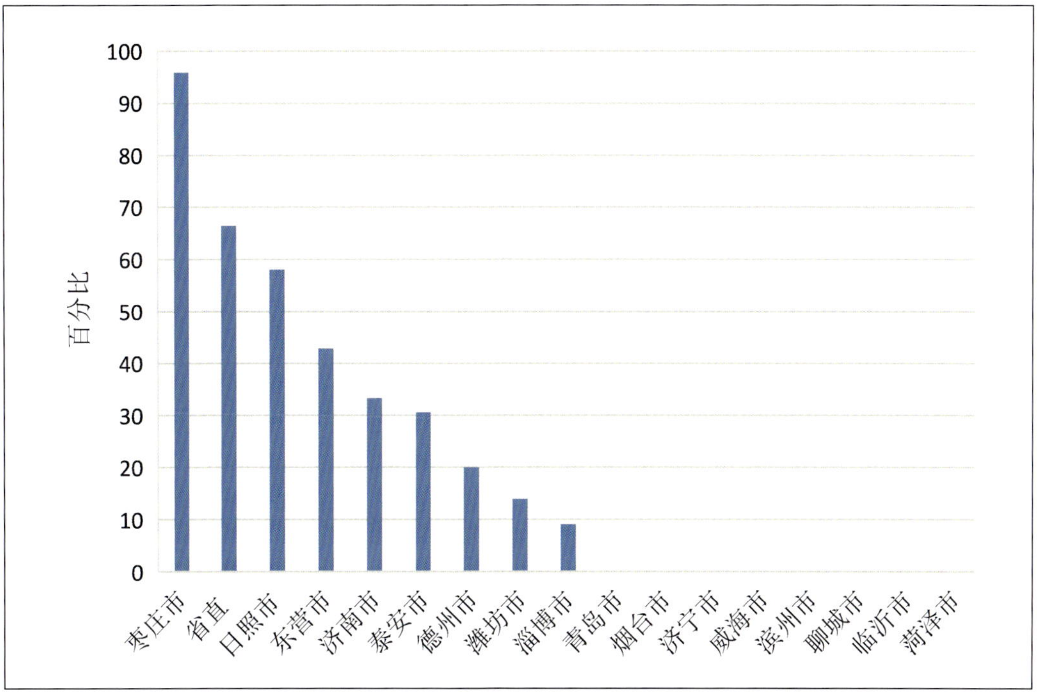

图 2-37 山东省各地市需要修复的馆藏标本化石文物占比情况

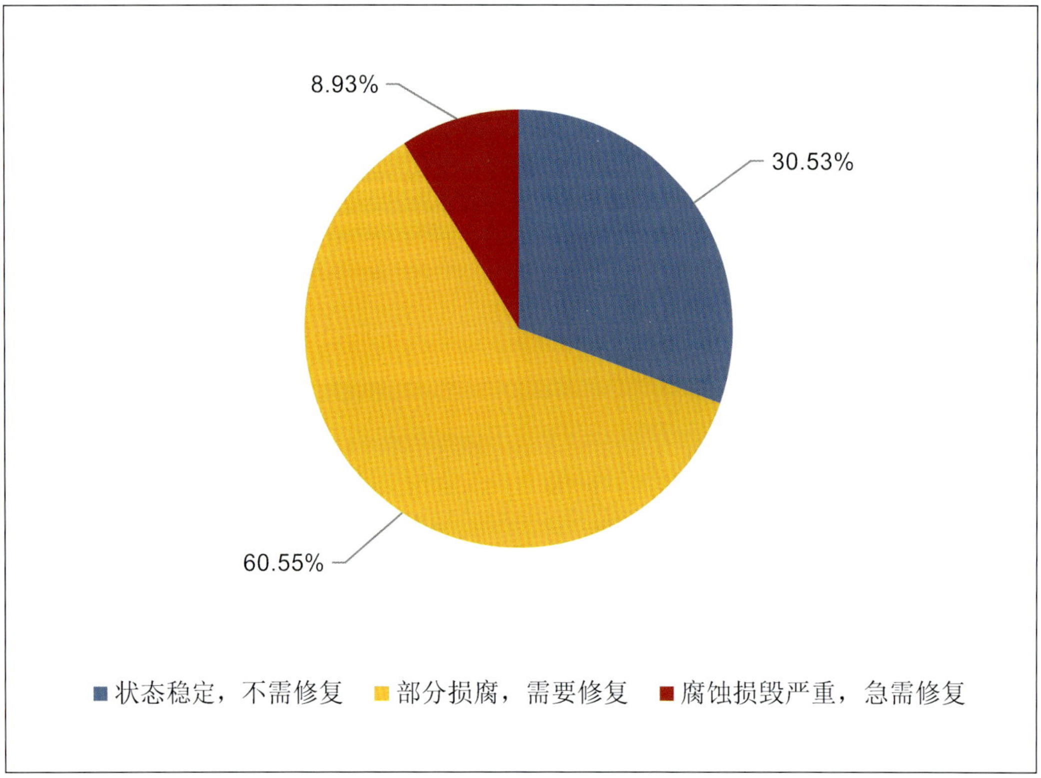

图 2-38　山东省馆藏标本化石文物保存状况

9. 其他类文物

其他类文物共计 61646 件。其中，“状态稳定，不需修复”的有 39219 件，约占 63.62%；“部分损腐，需要修复”的有 22263 件，约占 36.11%；“腐蚀损毁严重，急需修复”的有 164 件，约占 0.27%（图 2-39、2-40、2-41、2-42，附表 12）。

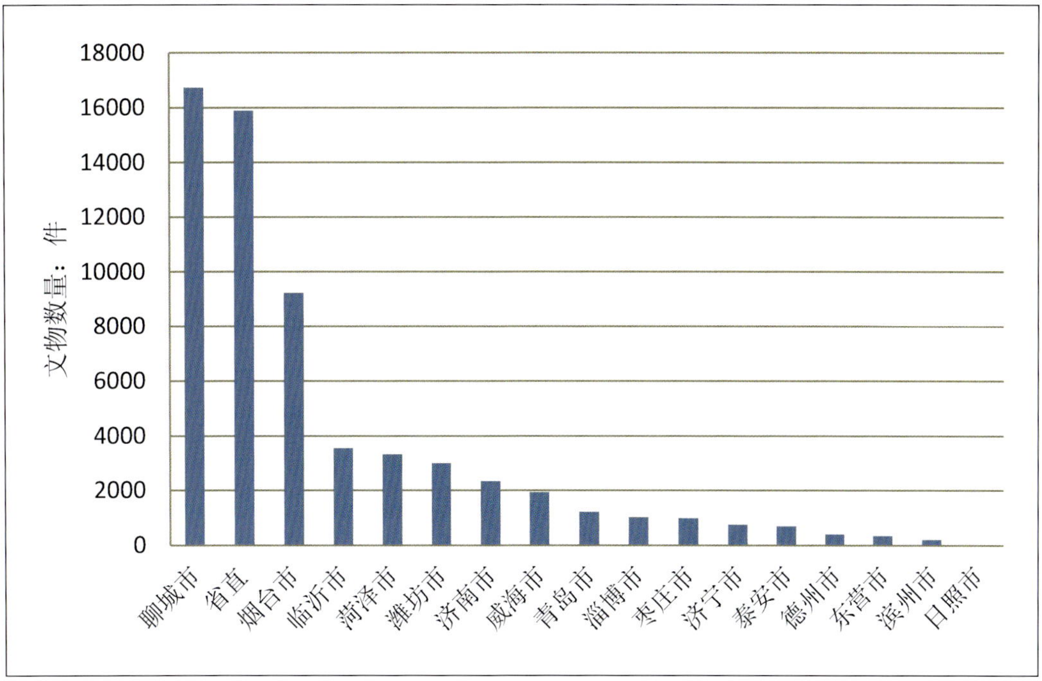

图 2-39　山东省馆藏其他类文物分布情况

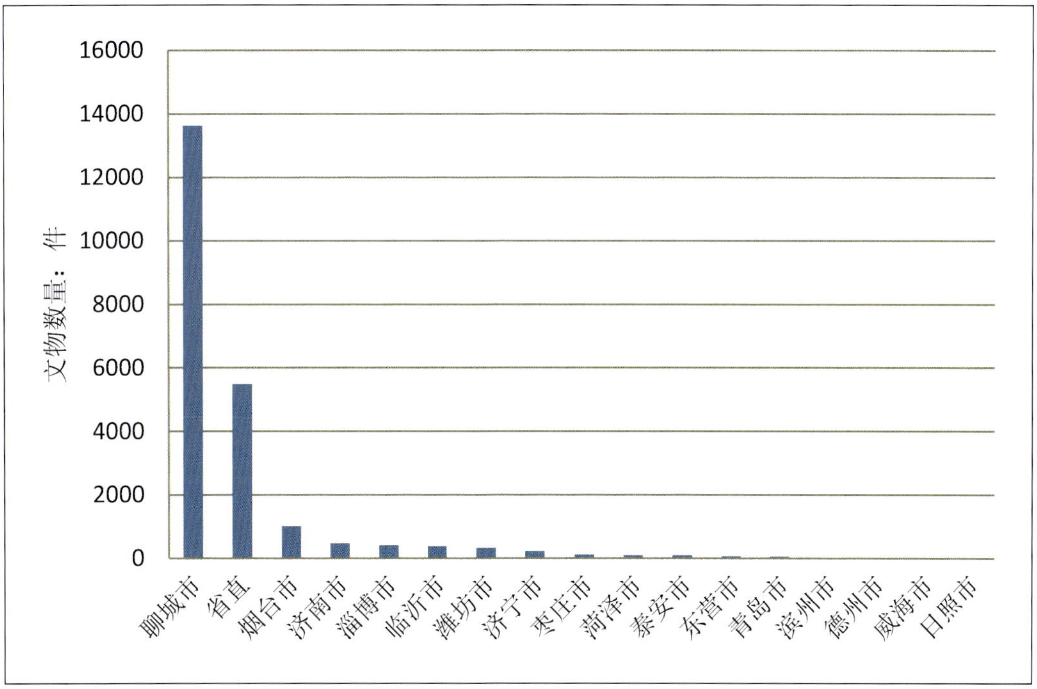

图 2-40　山东省需要修复的馆藏其他类文物分布情况

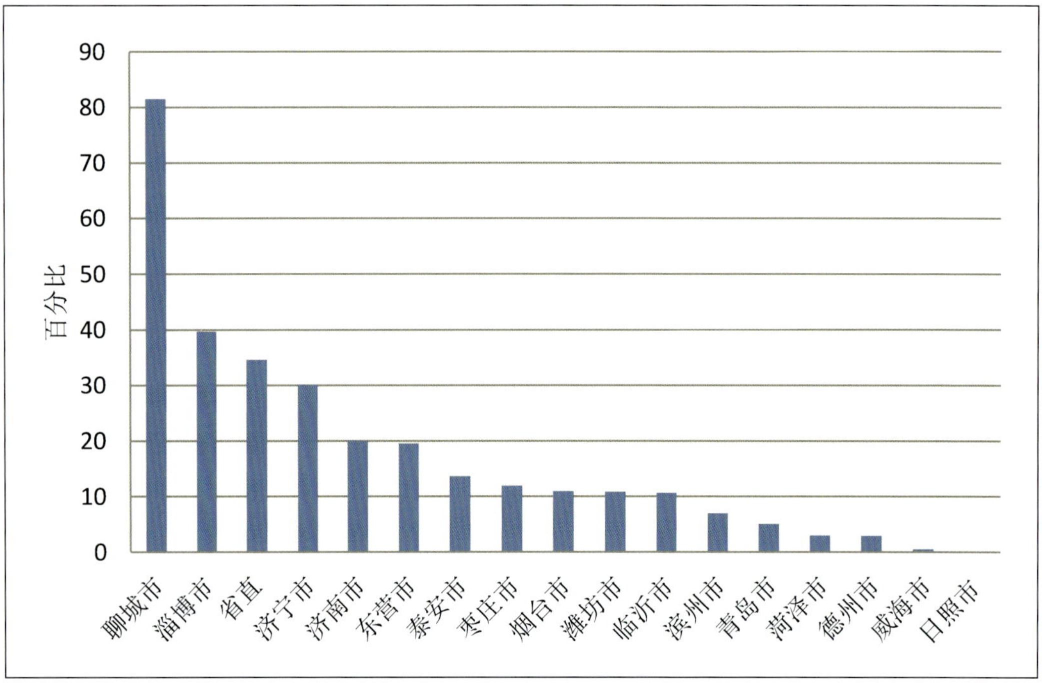

图 2-41　山东省各地市需要修复的馆藏其他类文物占比情况

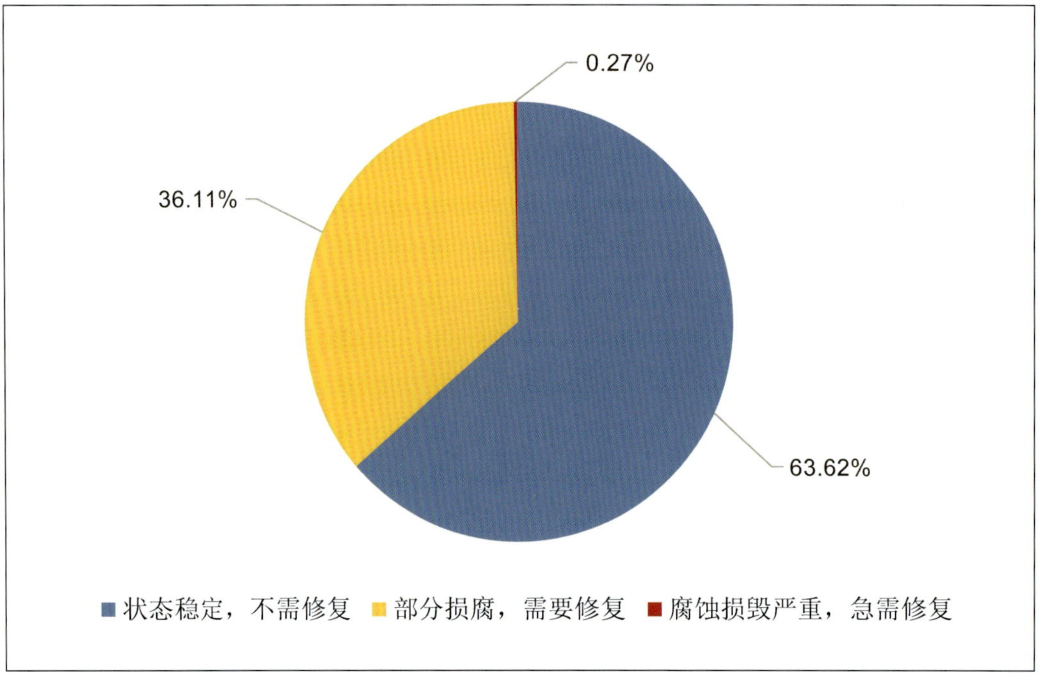

图 2-42　山东省馆藏其他类文物保存状况

在此次调研过程中，由于各调研单位数据填报人员对文物病害的评估标准可能存在理解不准确、不一致的情况，所以在填写病害文物数量时可能会出现少报、错报或漏报等问题，从而导致文物病害数量统计可能存在偏差。

三、文物保存环境调查分析

（一）文物库房情况分析

参与此次调研的单位库房总数为 436 个，库房面积共计 99452.09m²。与“十二五”时期末的调研数据相比，参与调研的单位库房总数由 341 个增加至 436 个，增长率为 27.86%；总面积由 58807.5m² 增长至 99452.09m²，增长率为 69.11%（图 3-1、3-2，附表 13）。

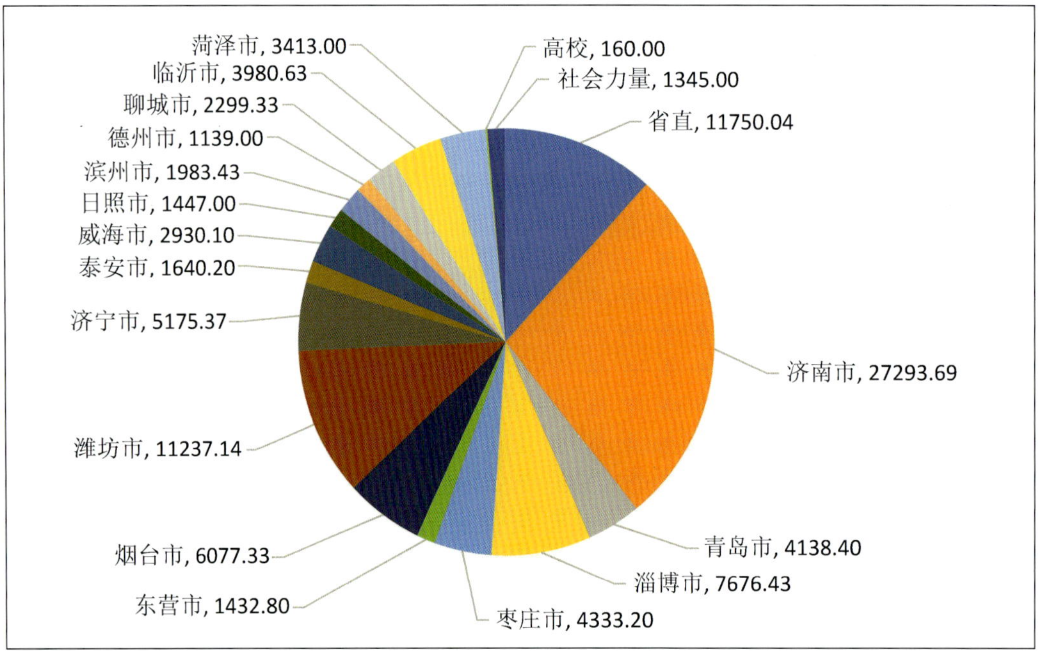

图 3-1　本次调研全省文物库房面积分布情况

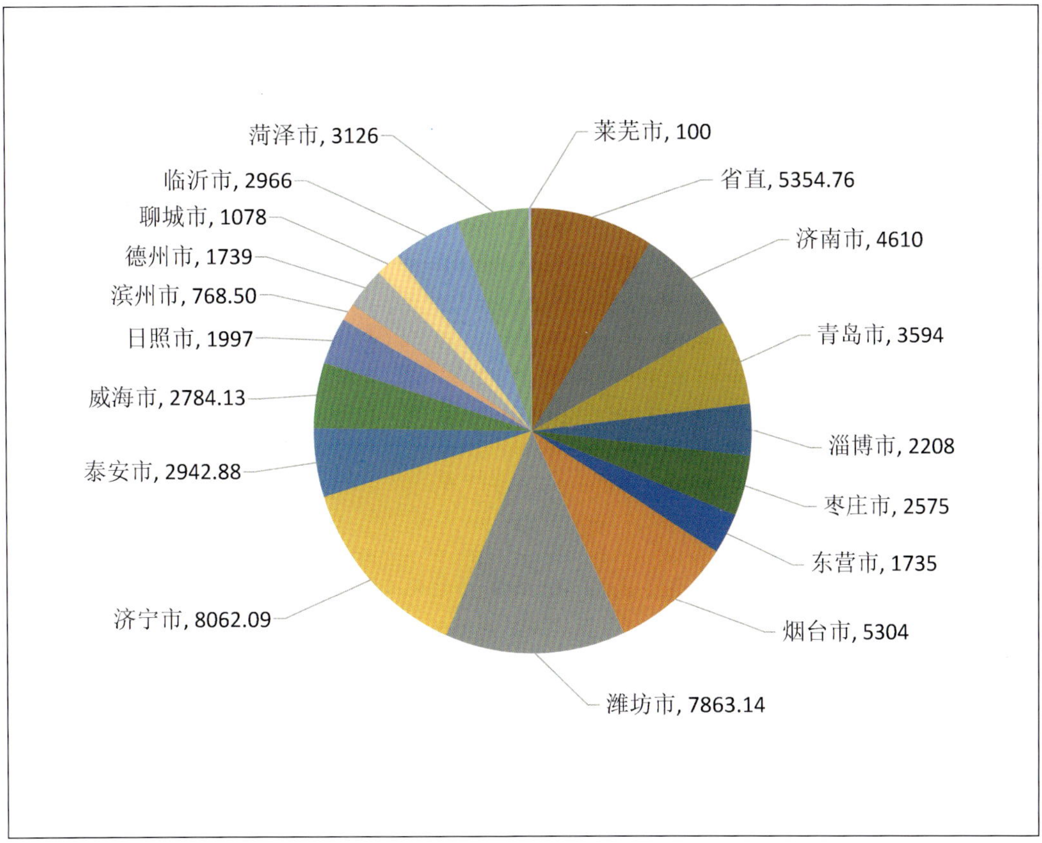

图 3-2 “十二五”时期末山东省文物库房面积分布情况

参与此次调研的单位，按属性可分为五类：省直文博单位、地市文博单位、区县文博单位、高校及社会力量。在库房数量和库房面积方面，省直文博单位共计 4 家，库房总数 72 个，总面积 11750.04m²；地市文博单位共计 42 家，库房总数 130 个，总面积 20004.73m²；区县文博单位共计 130 家，库房总数 228 个，总面积 66192.32m²；5 家高校中设有库房的共计 2 家，库房总数 2 个，总面积 160.00m²；7 家社会力量中设有库房的共计 2 家，库房总数 4 个，总面积 1345.00m²（图 3-3）。

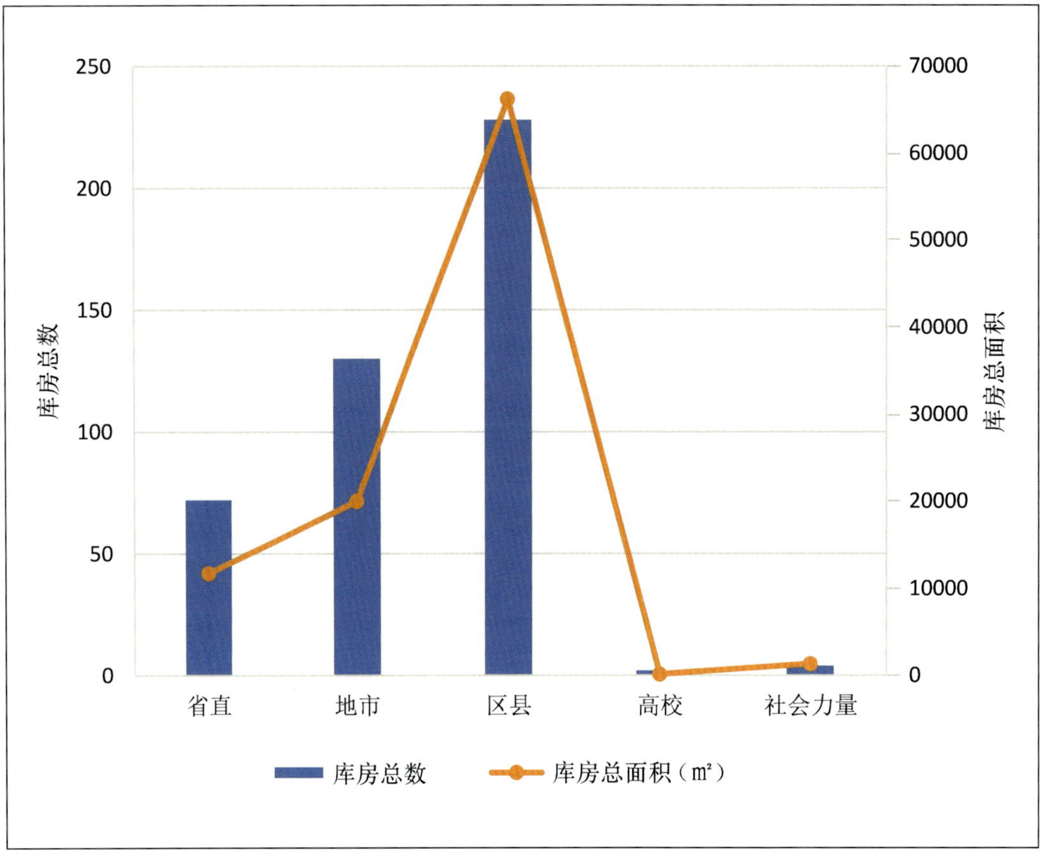

图 3-3　按调研单位属性划分的文物库房情况

除上述省直文博单位、高校和社会力量外，其余 172 家国有文博单位可按行政区域划分为鲁北（包括聊城、德州、滨州、东营）、鲁中（包括济南、泰安、淄博、潍坊）、鲁南（包括菏泽、济宁、枣庄、临沂、日照）、胶东（包括青岛、烟台、威海）4 个地区。其中，鲁北地区文博单位共计 29 家，库房总数 44 个，总面积 6854.56m^2；鲁中地区文博单位共计 51 家，库房总数 95 个，总面积 47847.46m^2；鲁南地区文博单位共计 57 家，库房总数 128 个，总面积 18349.20m^2；胶东地区文博单位共计 35 家，库房总数 91 个，总面积 13145.83m^2（图 3-4）。

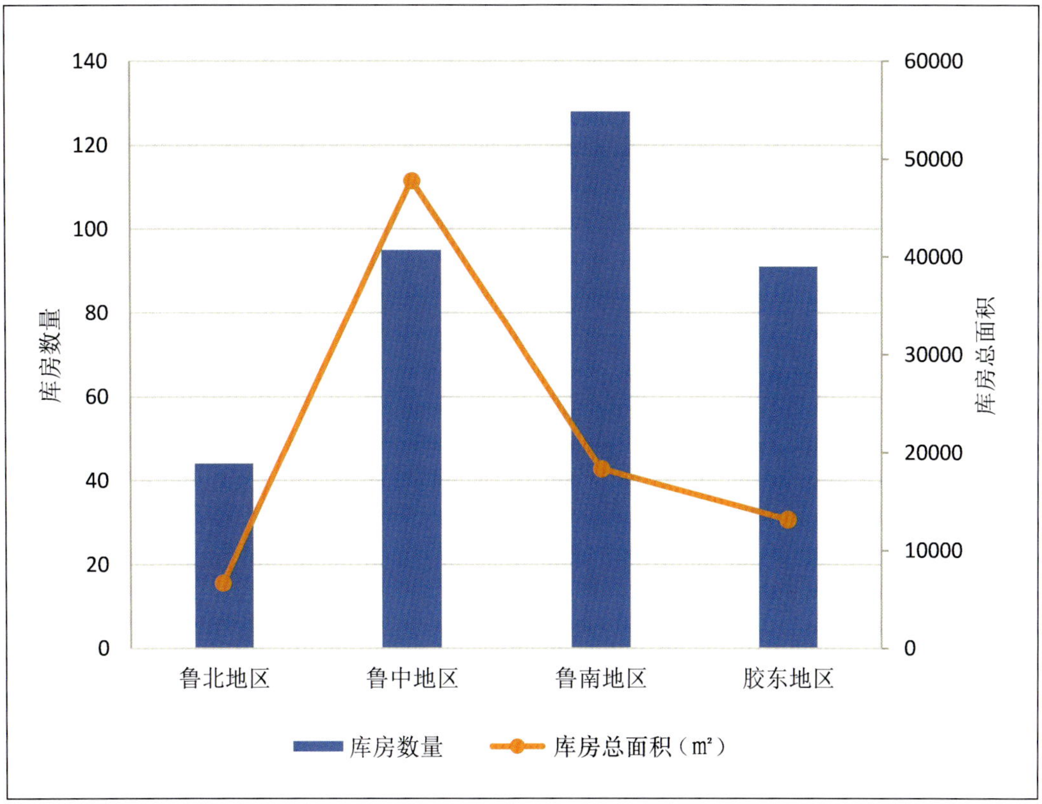

图 3-4　按行政区域划分的文物库房情况

1. 库房数量与面积

根据《博物馆藏品管理办法》（文化部 1986 年颁布）第三章第一条和《博物馆建筑设计规范》JGJ66-2015 的相关要求，藏品应有固定、专门的库房进行分类保管，同时，每间库房的面积不宜小于 50 m^2；文物类、现代艺术类藏品库房面积宜为 80—150 m^2。

从库房数量方面来看，基本符合藏品分类保管要求的文博单位共计 63 家，仅设有一间库房的文博单位有 101 家，其中省直文博单位 1 家，地市级文博单位 50 家，区县级文博单位 46 家，高校 2 家，社会力量 2 家；未设库房的文博单位有 24 家，其中地市级文博单位 12 家，区县级文博单位 4 家，高校 3 家，社会力量 5 家。

从库房平均面积方面来看，以每间库房面积不小于 50㎡ 为最低标准，参与调研的单位中，除 24 家未设库房的单位外，库房面积未达到最低库房面积要求的单位有 37 家，约占有库房单位总数的 22.56%。而库房平均面积大于 150㎡ 的单位有 63 家，约占有库房单位总数的 38.41%。库房面积过小或过大都不符合藏品分类保管的要求，同时会给库房温湿度监控、环境调节等工作带来难度。

从库房面积与藏品数量方面来看，各地市库房面积与存放文物的需求呈现出不匹配的现象（图 3-5）。其中，省直文博单位以及济宁市、临沂市文博单位的库房面积远不能满足存放其所藏文物的需求；同时，济南市文博单位的库房面积则远远超出其存放所藏文物的需求。在全省 16 个地市中，仅淄博市、枣庄市、东营市、威海市、日照市、德州市、滨州市 7 个地市文博单位的库房面积与各自存放所藏文物的需求基本吻合。

“十二五”时期末的调研数据显示，各地市文博单位库房面积与存放文物数量基本呈线性关系（图 3-6）。大部分省内文博单位的库房条件较为简陋，且部分库房存在文物未按照质地分类而放置于一处的现象。

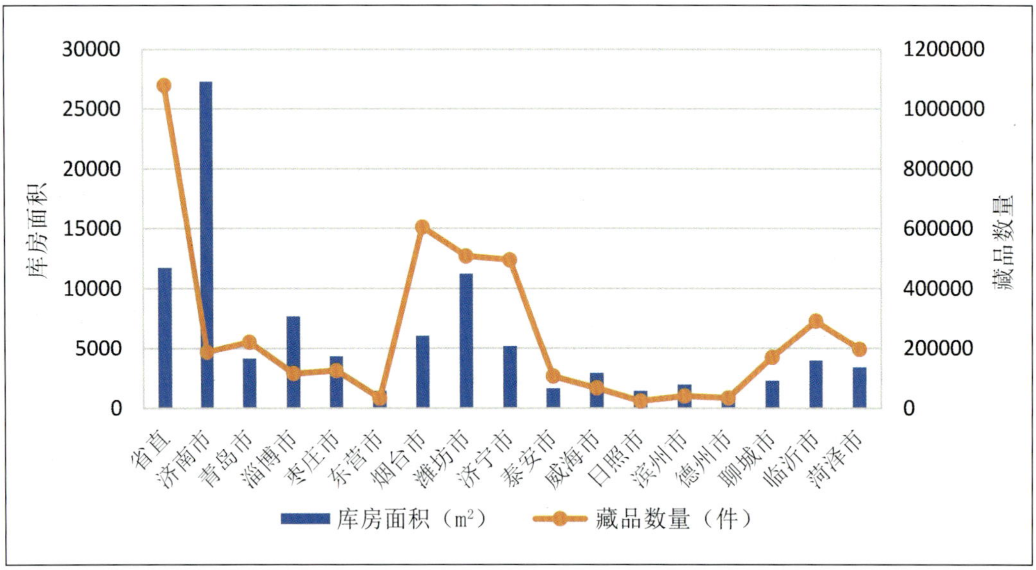

图 3-5　本次调研各地市库房面积与存放文物数量关系

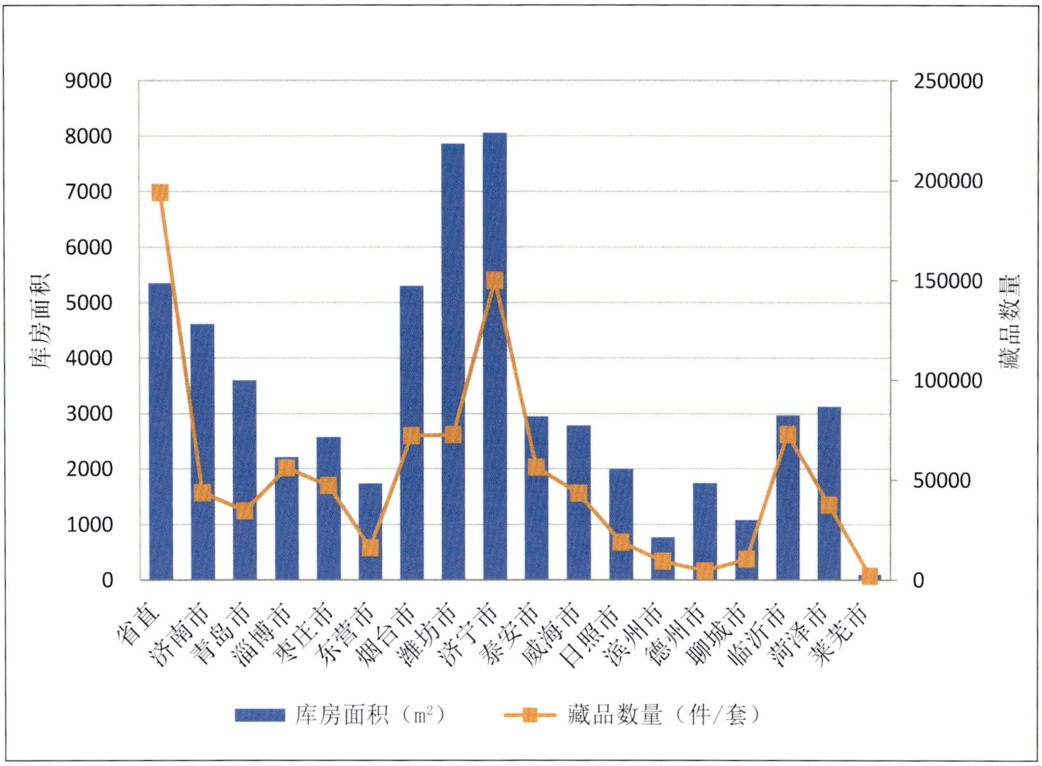

图 3-6　“十二五”时期末各地市库房面积与存放文物数量关系

2. 库房温湿度与保存环境情况

库房环境调节情况主要从环境监测设备、恒温恒湿机、温湿度控制设备及污染物控制设备四个方面进行调研。经调研发现，除省直文博单位同时配备四种环境调节设备外，其余文博单位均存在欠缺。具体来看，全省共有环境监测设备 667 台，该设备主要针对空气成分、温湿度、光照度等情况进行实时记录与分析。其中，济南市、潍坊市、济宁市三个地区文博单位库房配备的环境监测设备较多。处于胶东沿海地区的青岛市、烟台市、威海市受海洋性气候影响明显，环境湿度大，且水汽中盐分含量较高，对文物保存环境影响明显。但经调研发现，上述三个地区文博单位库房配备的环境监测设备较少，除威海市配有 47 台环境监测设备，略高于全省平均数量以外，其余两地皆明显低于全省平均数（图 3-7）。

据“十二五”时期末的调研结果可知，在配备调控设备的库房中，占比较高的有省直文博单位库房，以及青岛市、烟台市、济宁市和日照市诸文博单位库房（图 3-8）。库房调控设备可以分为中央空调、大型恒温恒湿机和普通空调三种。

将本次调研情况与“十二五”时期末的调研情况进行比较可以看出，文物库房增加了大量环境监测设备和恒温恒湿机，说明“十三五”时期对馆藏文物的预防性保护工作有了较明显的进步。

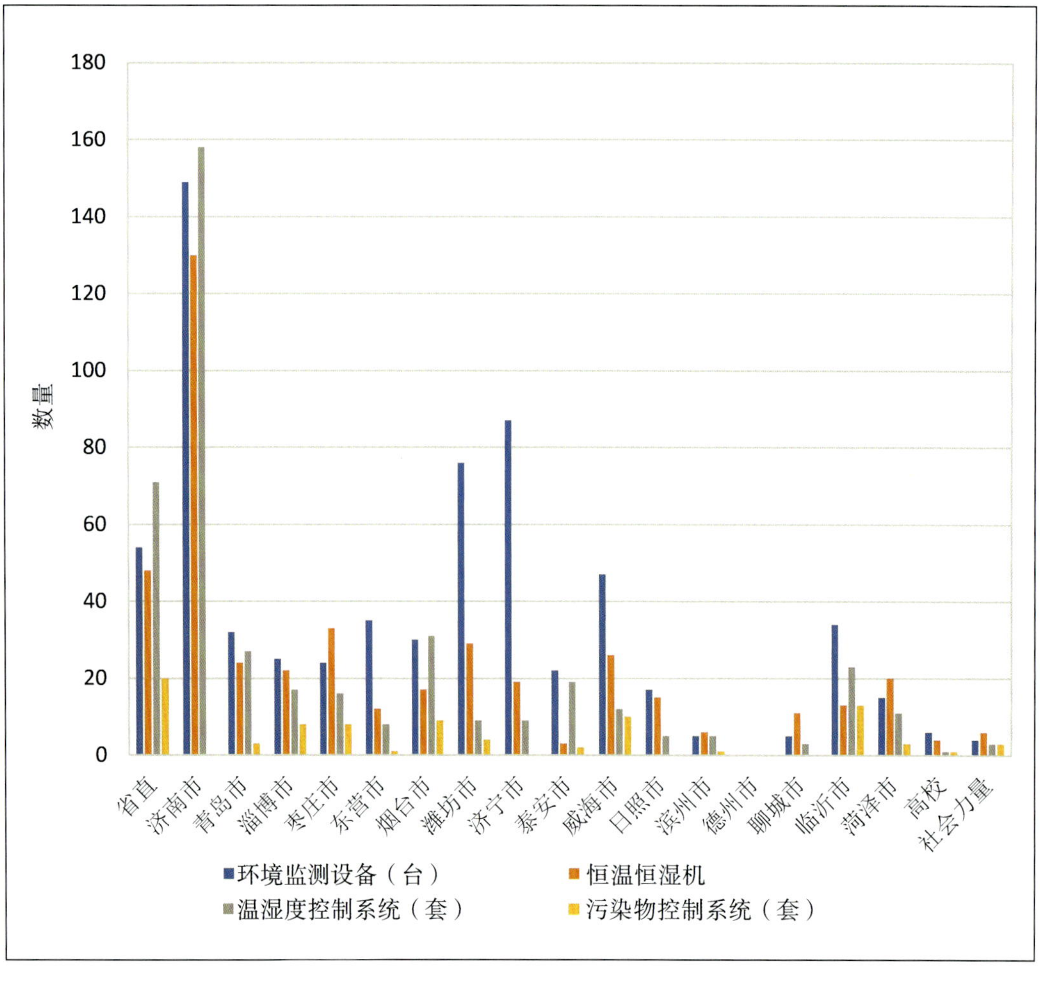

图 3-7　本次调研各地市库房配备环境调节设备数量情况

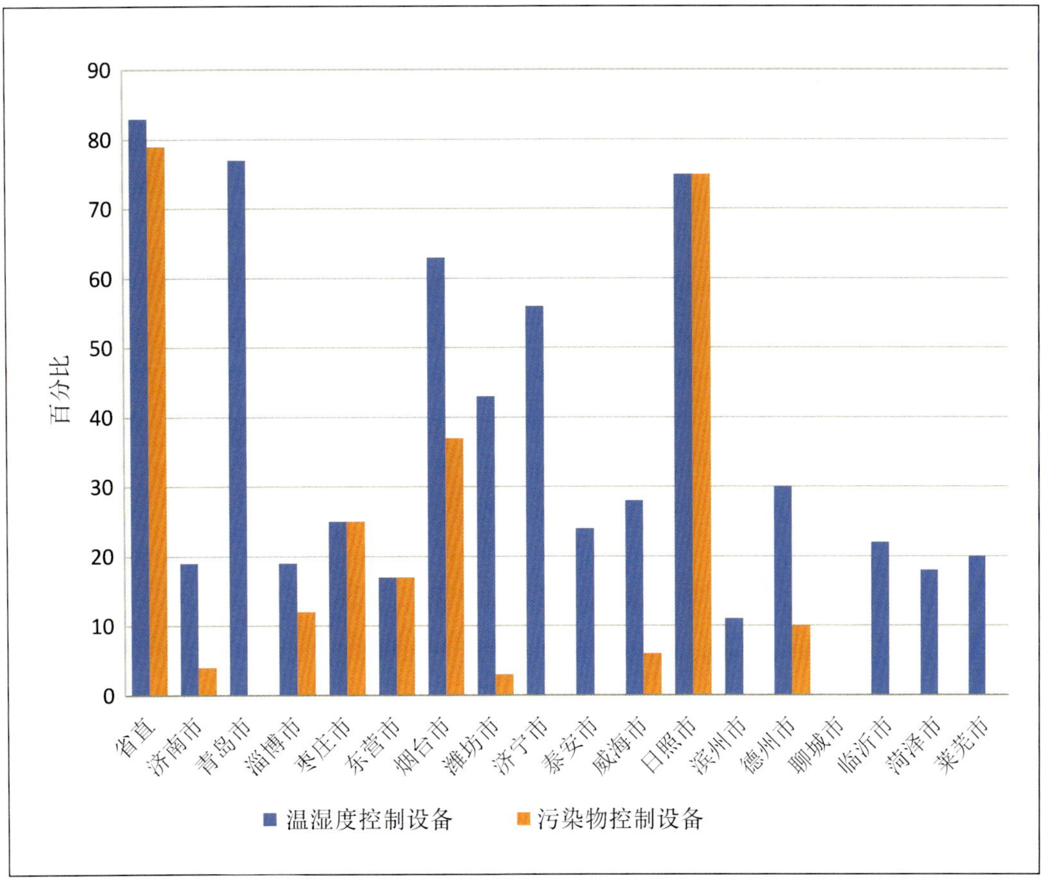

图 3-8 “十二五”时期末各地市配备调控设备的库房占比情况

在库房温湿度调控方面，受场地面积和建筑结构的影响，除部分省直文博单位和各地市新建的博物馆库房能够满足专业温湿度调控设备的安装和运营外，其余文博单位的库房仍以普通空调调节或人工调控为主。济南市文博单位安装的恒温恒湿机和温湿度控制设备数量在全省占有绝对优势，分别约占 29.68%、36.92%。并且，各地市安装的恒温恒湿机和温湿度控制设备数量整体成反比态势，这说明多数文博单位库房在恒温恒湿机和温湿度控制设备上存在二选一的情况。以山东博物馆为例，文物库房共计 43 间，温湿度控制器 43 个，恒温恒湿机 0 台。通过以上数据可以看出，山东博物馆每间库房内均配有温湿度控制器，但都未加装恒温恒湿机。

在污染物控制设备方面，经调查发现，全省共有 30 家文博单位安装了污染物控制设备，共计 86 台。其中，孔子博物馆 21 间库房中有 20 间安装了污染物控制设备，济南市博物馆 11 间库房内均安装了污染物控制设备。孔子博物馆和济南市博物馆为全省安装污染物控制设备数量最多的两家单位。污染物控制设备主要是针对颗粒污染物和气态污染物的监测及调控装置。由于纺织品、书画及木质文物对污染物浓度尤为敏感，因此库房藏品的类型是影响博物馆安装污染物控制设备的主要原因之一。

经调研发现，参与此次调研工作的德州市文博单位的库房均未配备任何环境监测设备、恒温恒湿机、温湿度控制设备或污染物控制设备，应尽早根据自身情况安装相应设备，以保障库房环境的安全、稳定。

3. 库房微环境控制情况

库房的微环境控制情况主要从“智能储藏柜”“囊匣”“数字化文物数量”三个方面进行调研。从整体上看，东营市、日照市、滨州市、德州市四个地市的文博单位库房微环境控制措施利用率最低。在智能储藏柜方面，参与调研的单位中，仅 48 家文博单位的库房配有智能储藏柜，共计 1703 个，其中济宁市博物馆数量最多，为 586 个（图 3-9）。全省未安装智能储藏柜的文博单位共计 140 家，占全省文博单位总数的 74.47%。各地市文物库房对智能储藏柜的利用率都极低（图 3-10）。在数字化方面，全省已实现数字化利用的文物数量共计 271106 件，占全省可移动文物总数的 6.29%。其中有 6 家文博单位已实现文物藏品 100% 数字化保护，分别是济宁市博物馆、枣庄市博物馆、菏泽市定陶区博物馆、菏泽市成武县博物馆、枣庄市王学仲艺术馆、枣庄市台儿庄区贺敬之文学馆。全省还有 139 家文博单位未对库房藏品进行过数字化处理，占全省文博单位总数的 73.94%（图 3-11）。

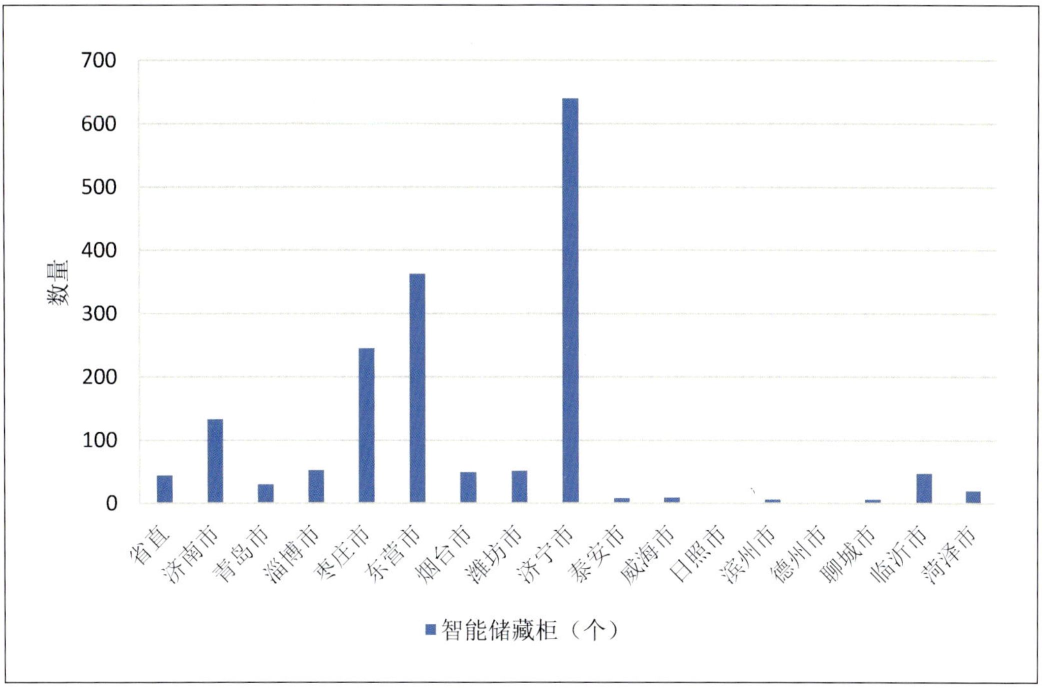

图 3-9　各地市文物库房利用智能储藏柜数量情况

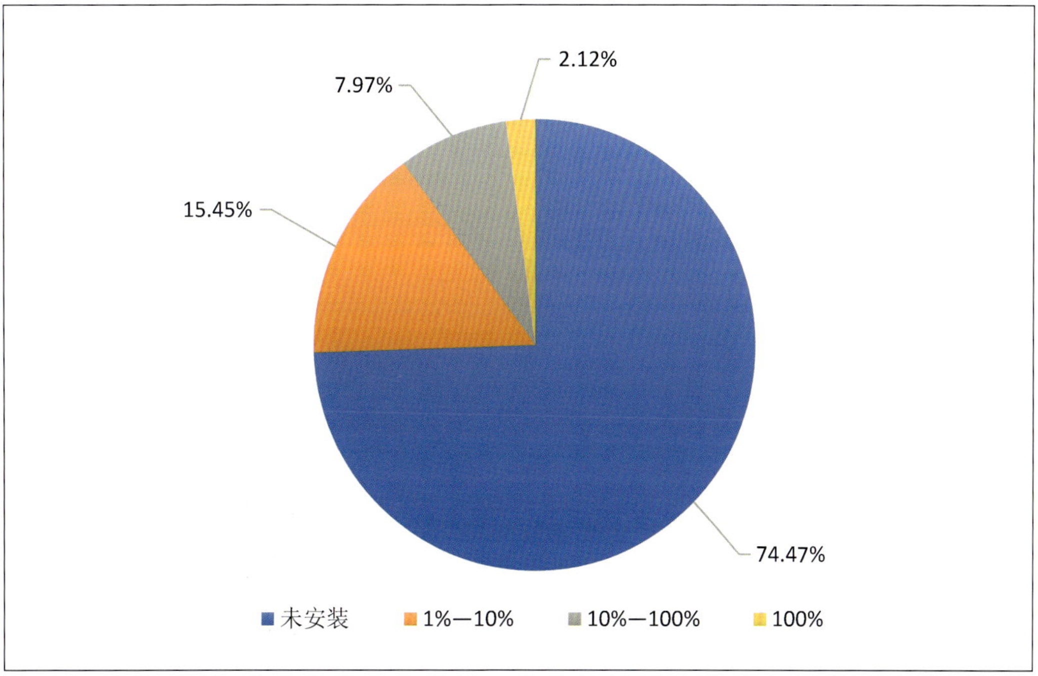

图 3-10　全省文物库房智能储藏柜利用情况

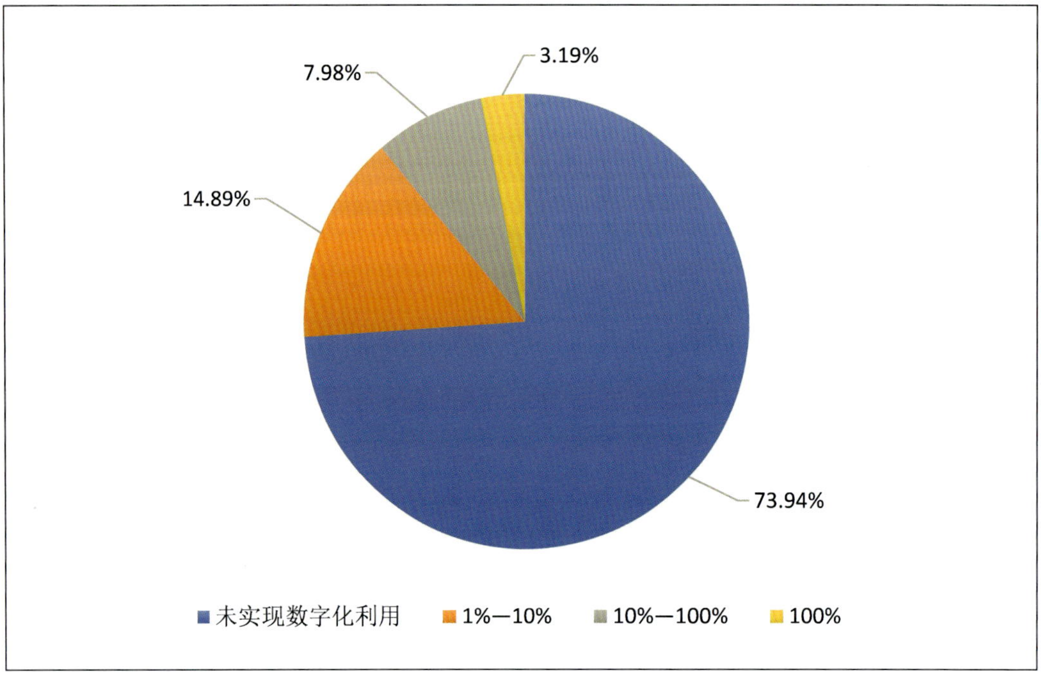

图 3-11　本次调研各单位实现数字化利用情况

囊匣作为保护文物藏品的传统装置，能够给文物藏品提供一个良好的微环境，减少或减缓外部环境对文物藏品造成损坏的程度和速度，在文物藏品储存和运输中还可以起到防尘、防风、防震、防紫外线和防潮防虫等功能。因此，囊匣可在保护文物、延长文物寿命、提高博物馆的文物保护水平等方面起到积极作用。经调研发现，全省已有囊匣 55652 个，与“十二五”时期末的调研结果相比，增加了 20337 个，增长量约为 57.59%。但从各地市具体情况来看，仅泰安市囊匣数量占文物总数的比例相对较高，这说明囊匣数量远不能满足实际文物藏品数量的需求（图 3-12）。

由调查结果可以看出，全省文博单位对库房采取的微环境控制措施严重不足，文物数字化普及程度远未达到预期。各地市文博单位可结合自身藏品的情况及库房特点，在整体温湿度控制或恒温恒湿设备难以满足实际需要的情况下，针对珍贵文物，采取使用囊匣或智能储藏柜等微环境控制措施，对文物进行合理保存；也可通过对文物进行数字化处理的方式，减少文物出库入库的次数，使文物长期处于相对稳定的环境中。

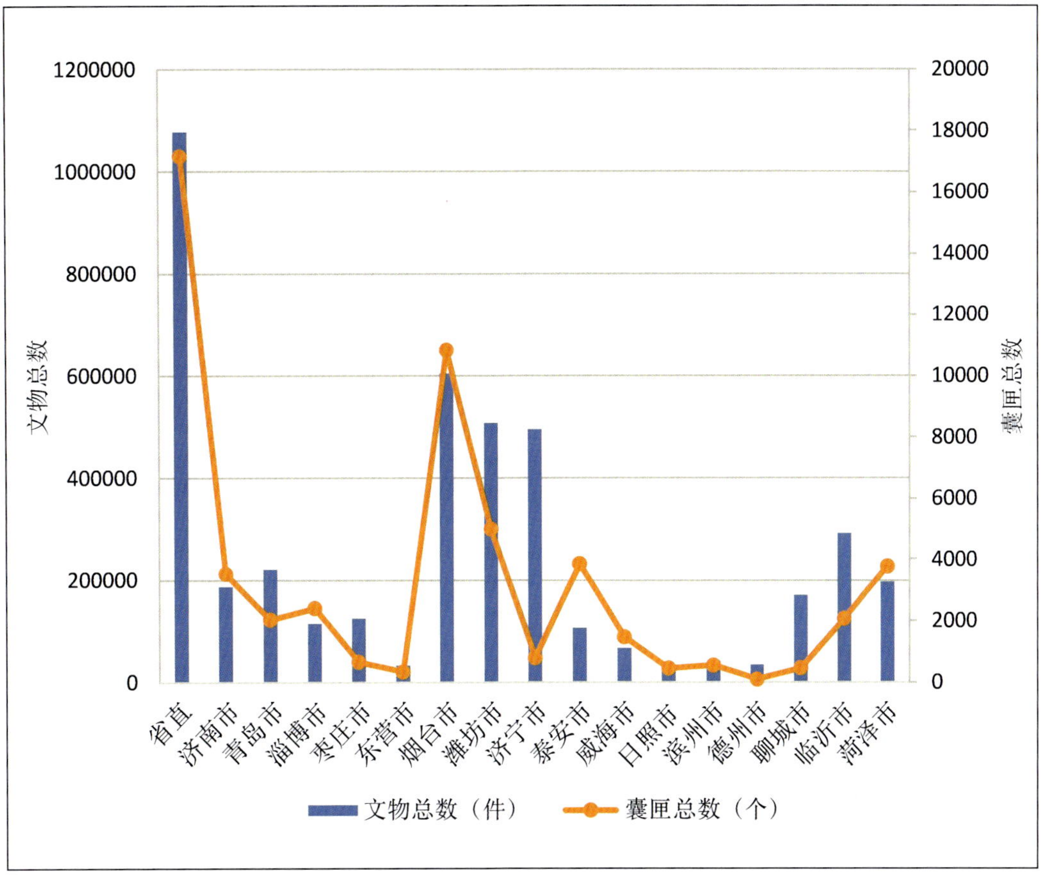

图 3-12 全省文物囊匣利用情况

（二）文物展厅情况分析

参与调研的单位中，有 166 家文博单位设有展厅，展厅数量共计 644 个，总面积 451582.48m^2，与“十二五”时期末的调研结果相比，展厅数量和面积都有所增长（图 3-13、3-14，附表 14）。

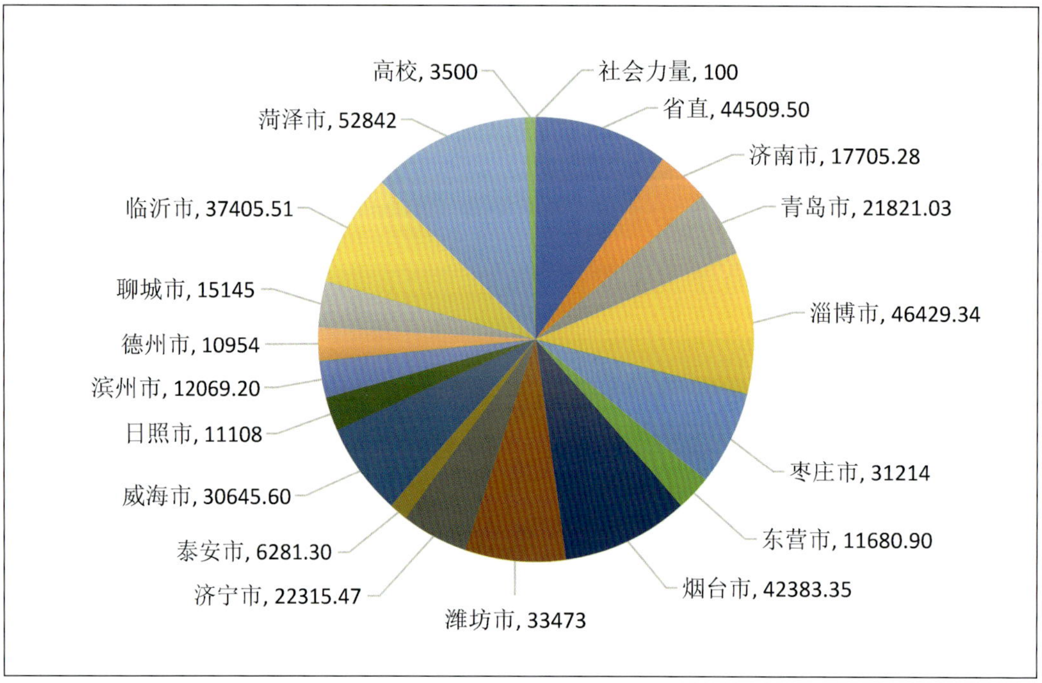

图 3-13　本次调研各地市文物展厅面积分布情况

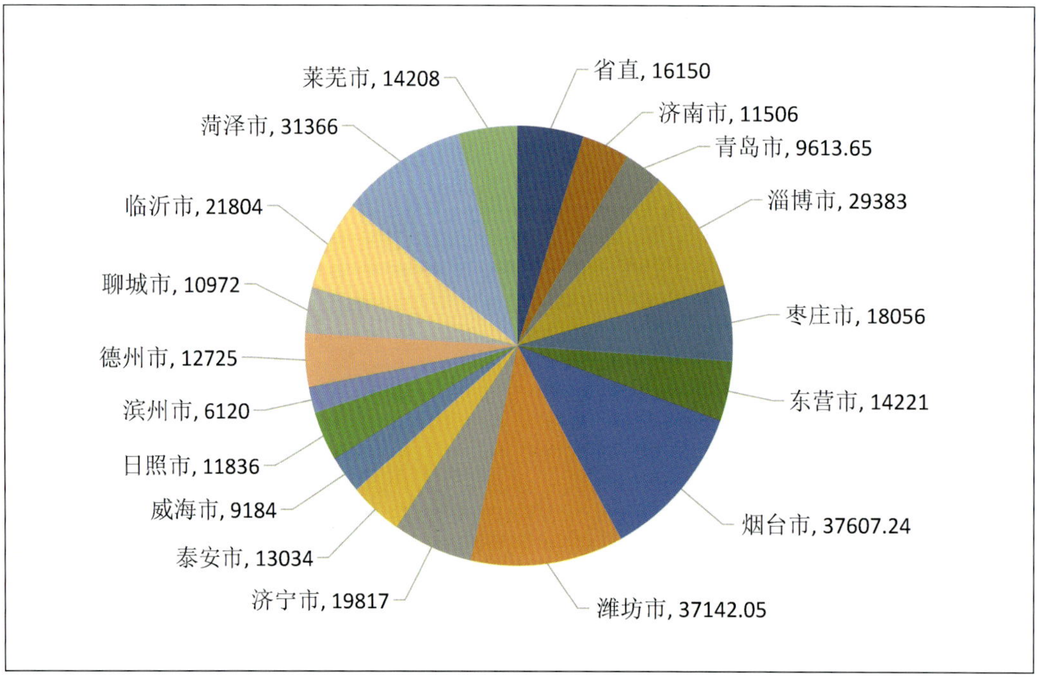

图 3-14　"十二五"时期末山东省文物展厅面积分布情况

1. 展厅数量与面积

从参与调研单位的属性来看，有展厅的省直文博单位共计 3 家，展厅总数 35 个，总面积 44509.50m²；有展厅的地市级文博单位共计 33 家，展厅总数 178 个，总面积 118017.60m²；有展厅的区县级文博单位共计 128 家，展厅总数 428 个，总面积 285455.40m²；仅 1 所高校配有展厅，展厅数量为 2 个，总面积 3500.00m²；仅 1 家社会力量设有 1 个展厅，面积为 100.00m²。由此可以看出，区县级文博单位为我省文物展示的主要力量（图 3-15）。

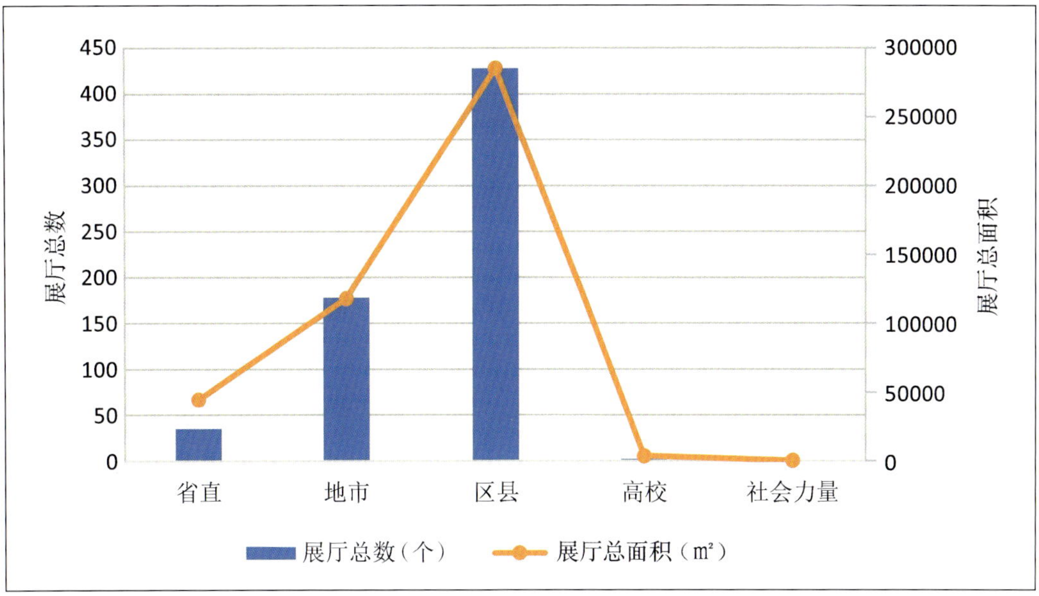

图 3-15 按调研单位属性划分的文物展厅情况

除上述省直文博单位、高校和社会力量外，其余 172 家国有文博单位可按行政区域划分为鲁北（包括聊城、德州、滨州、东营）、鲁中（包括济南、泰安、淄博、潍坊）、鲁南（包括菏泽、济宁、枣庄、临沂、日照）、胶东（包括青岛、烟台、威海）4 个地区。其中，鲁北地区展厅总数 83 个，总面积 49849.10m²；鲁中地区展厅总数 205 个，总面积 103888.92m²；鲁南地区展厅总数 180 个，总面积 154884.98m²；胶东地区展厅总数 138 个，总面积 94849.98m²（图 3-16）。

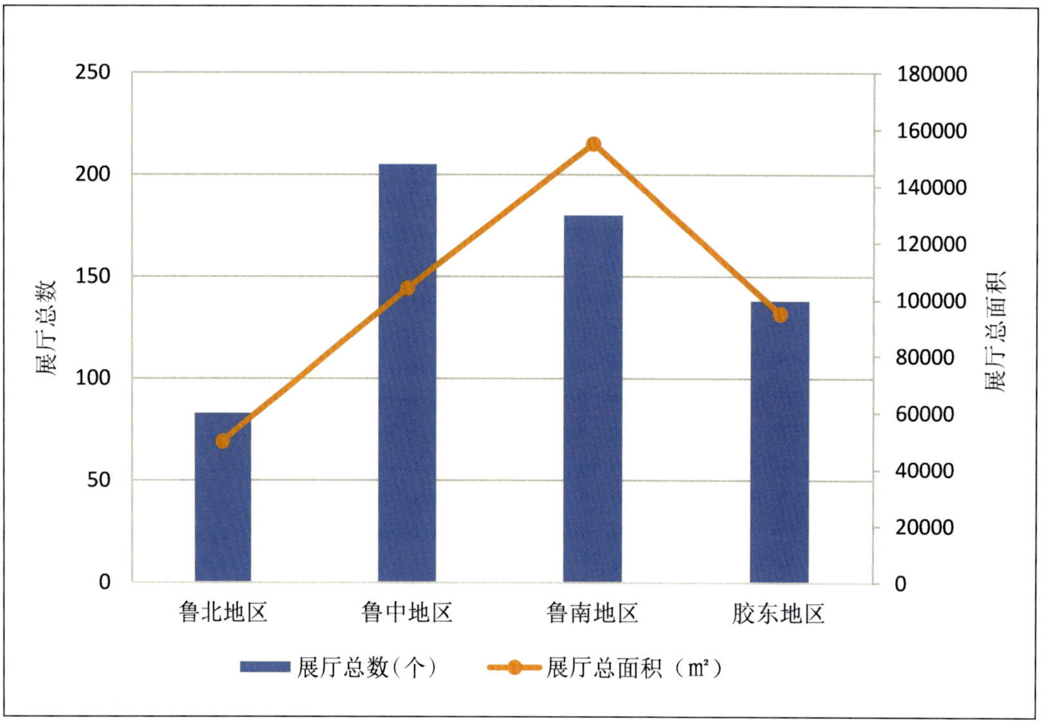

图 3-16 按行政区域划分的文物展厅情况

从各地市展厅面积与文物数量的对比来看，除省直文博单位和济宁市文博单位的展厅面积略微不能满足馆藏文物的展览需求外，其余地市的展厅面积远远超出馆藏文物的展览需求，说明“十三五”时期我省在博物馆建设方面取得显著进步。省直文博单位中，以山东省文物考古研究院为例，该单位共有文物 41223 件，但受场地因素影响，未配备相应展厅进行陈列，下一步应加大对陈列展览场地的相关建设（图 3-17）。

由“十二五”时期末调研的展厅面积与文物数量对比情况可以发现，展厅面积与文物数量基本呈线性关系（图 3-18）。本次调研结果与“十二五”时期末的调研结果基本一致，大部分地区的展厅面积能满足馆藏文物的展览需求，只有省直文博单位和济宁市文博单位的展厅面积略显不足。

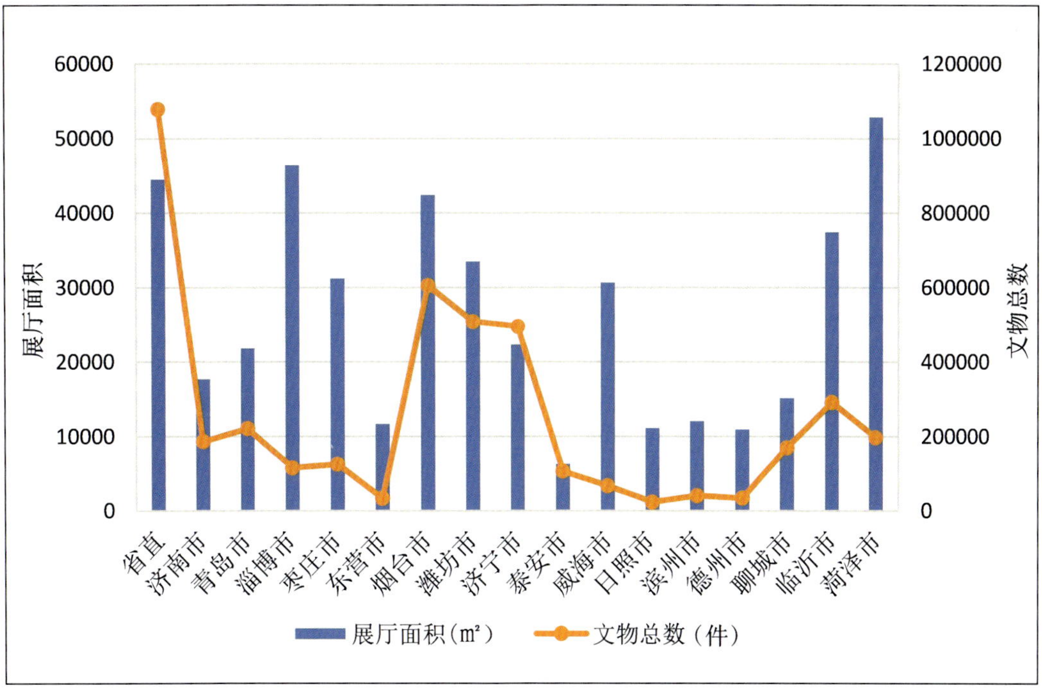

图 3-17　本次调研各地市展厅面积与文物数量情况

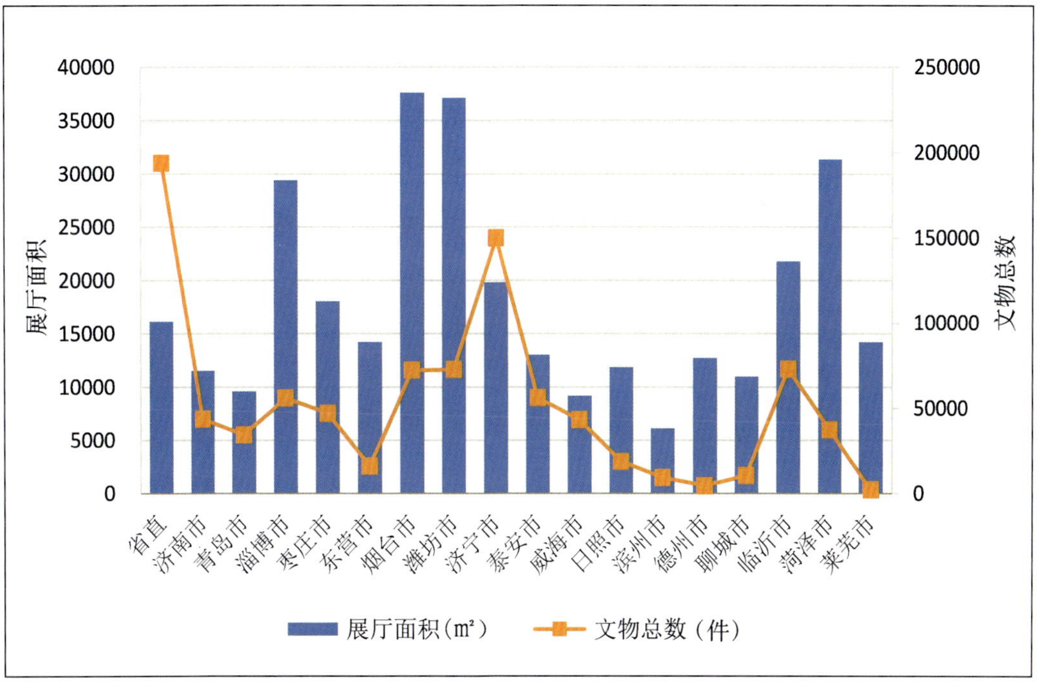

图 3-18　“十二五”时期末各地市展厅面积与文物数量情况

2. 展厅环境情况

因为展厅不同于库房的相对闭塞、独立，展厅环境控制难度更大，所以除安装、利用一般的恒温恒湿机和温湿度控制设备如中央空调外，更应该注重对智能展柜和数字化展示设备的利用。

由调查结果可以看出，全省共有46家文博单位展厅配有环境监测设备，占全省有展厅文博单位总数的27.71%；有52家展厅配有恒温恒湿机，占全省有展厅文博单位总数的31.33%；有32家博物馆展厅配有净化器，占全省有展厅文博单位总数的19.28%；有83家展厅配有温湿度控制设备，占全省有展厅文博单位总数的50.00%；仅有13家展厅配有污染物控制设备，占全省有展厅文博单位总数的7.80%。由调研结果可以看出，全省文博单位的展厅在污染物控制设备方面的安装率较低，应结合展厅实际，适当增加污染物控制设备的数量，在做到监测环境的同时降低污染物浓度，使展厅环境保持“洁净”“稳定”（图3-19）。

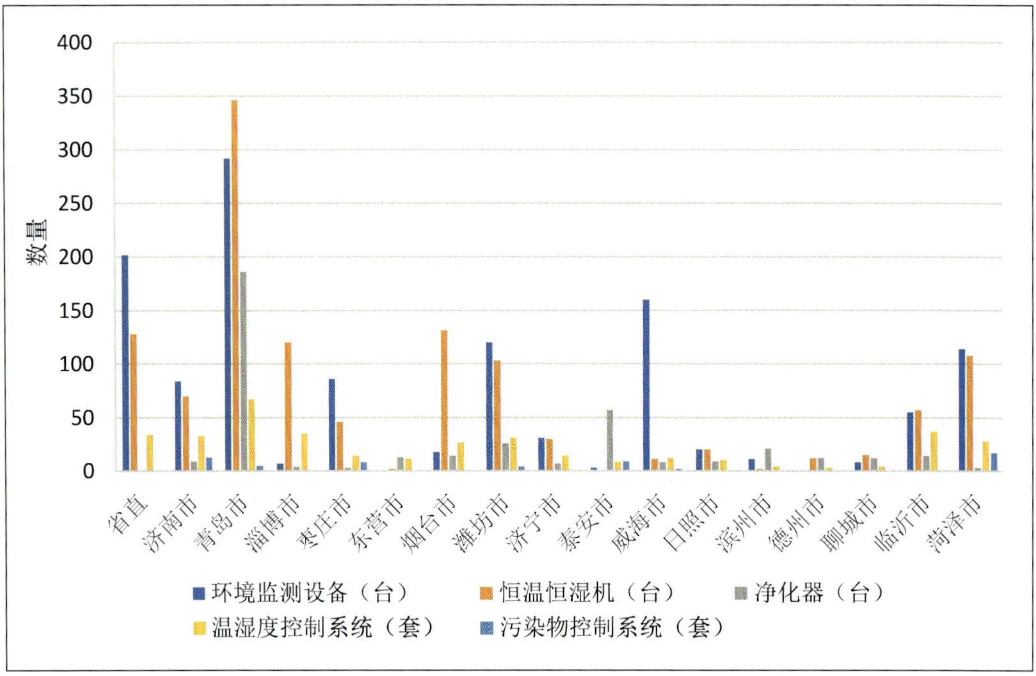

图3-19　本次调研各地市展厅配备环境监测和调控设备数量情况

通过“十二五”时期末的调研结果可以看出，各地市文博单位的展厅环境监测和调控设备配备较少（图 3-20）。相较于本次调研结果可以看出，“十三五”时期省直文博单位和各地市文博单位的展厅普遍配备了环境监测和调控设备，其中青岛市文博单位配备的设备占比最高。“十二五”时期末没有任何环境监测和调控设备的枣庄市、东营市、滨州市、聊城市文博单位，在“十三五”时期都增加了相应的环境设备投入。

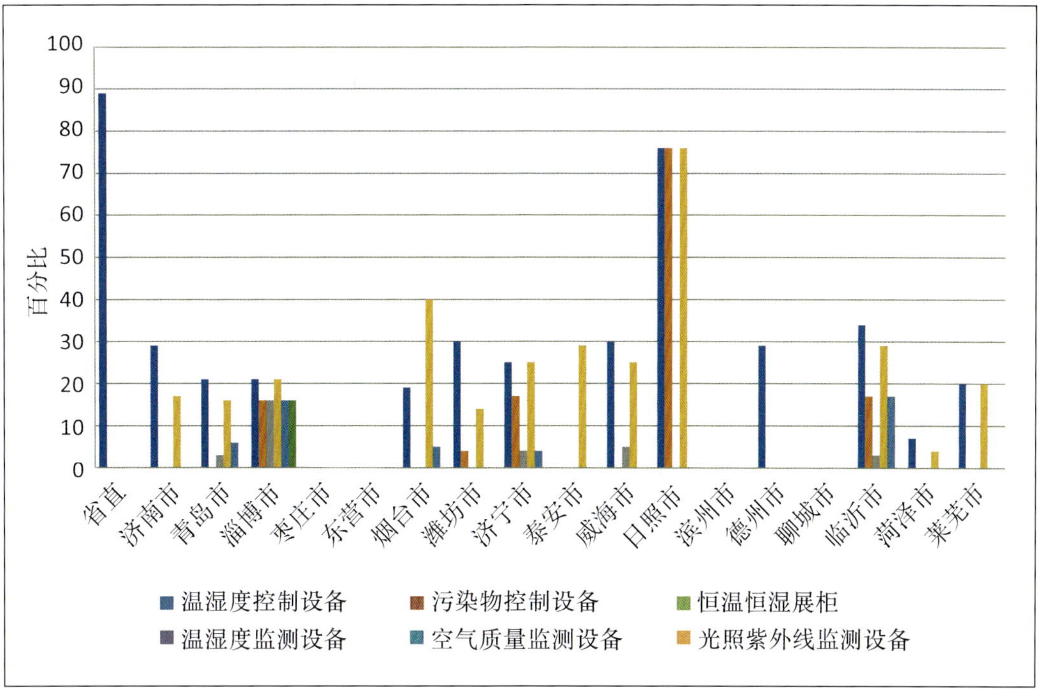

图 3-20 “十二五”时期末各地市配备监测和调控设备的展厅占比情况

3. 展厅数字化设备及智能展柜使用情况

常见的智能展柜有温湿度控制与调节展柜、照明控制展柜两种，不同展厅可根据陈列文物的情况，选择合适的智能展柜。而数字化设备可以打破智能展柜对博物馆展厅的限制，使得老式展厅也可以不受地域、时间、环境及天气等影响开展陈列。经调研发现，全省现有展厅中智能展柜的使用率要高于数字化展示设备，说明我省的文物数字化展示程度还有待进一步提高。在使用智能展柜方面，潍坊、菏泽两地市文博单位的使用率居全省前列，约占全省总数的 46.4%；在使用数字化设备方面，省直文博单位和菏泽、淄博两地市文博单位的安装数量居全省前三位，分别为158台（16.9%）、153台（16.4%）、119台（12.7%）。智能展柜与数字化设备两者的整体利用率均较低的地市有7个，分别是东营、泰安、威海、日照、滨州、德州、聊城，这说明我省文物展厅的智能化和数字化程度还比较低，普及率不高，应逐步加强建设力度（图3-21）。

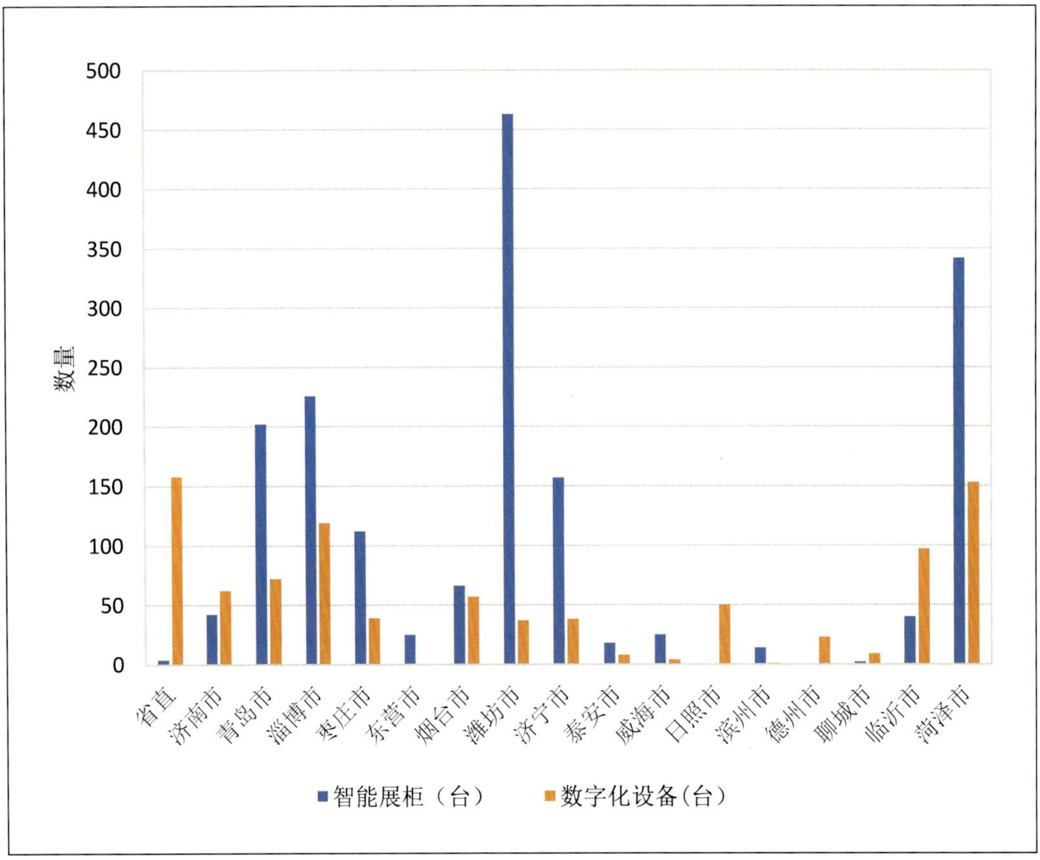

图 3-21　各地市展厅使用智能展柜及数字化设备数量情况

四、文物保护修复能力调查分析

（一）文物保护修复场地、设备情况分析

本次文物保护修复能力调研的内容包括各单位文物保护修复实验室始建年代、场地面积、投入资金、可开展工作、设备明细等方面，较为全面地汇总了各单位文物保护修复场地、设备等情况。

参与本次调研的单位（包括国有文博单位、高校以及社会力量）中有81家建立了文物保护修复实验室，截至2021年底，山东省文物保护修复实验室总面积达到23202.60m^2，设备投入总金额共计5625.60万元。按地区划分及单位性质等将具体情况汇总如下（图4-1，附表15）。

1.可移动文物保护修复场地分析

“十二五”时期末调研的178家单位中只有45家建立了文物保护修复实验室，本次调研的188家单位中有81家建立了文物保护修复实验室，原有的45个实验室也经过不同程度的扩建，并有新设备购入。

截至2015年，全省45个文物保护修复实验室中，面积在200—700m^{2}之间的场地有7个，面积在50—199m^{2}之间的场地有20个，面积在50m^{2}以下的场地有18个（图4-2）。

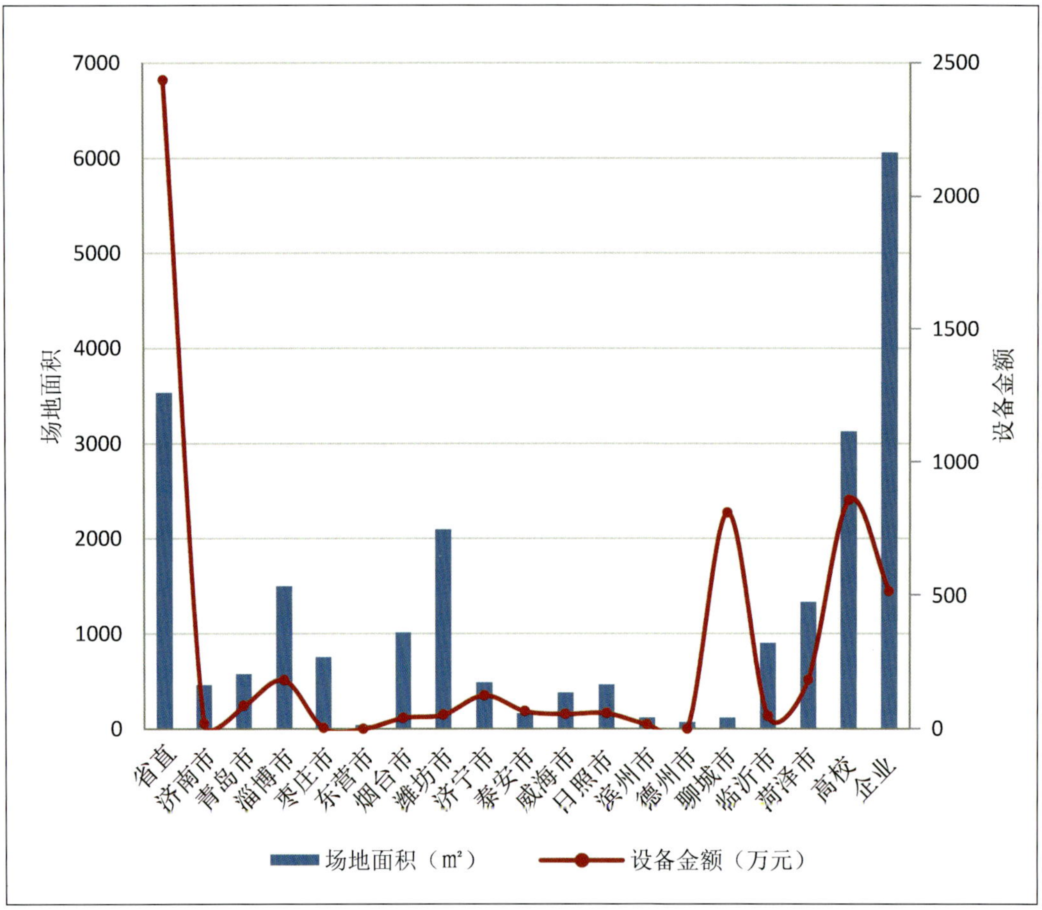

图 4-1　山东省文物保护修复场地面积、设备金额汇总情况

本次调研结果显示，全省 81 个文物保护修复实验室中，面积在 800—1500m² 之间的场地有 10 个，面积在 200—799m² 之间的场地有 23 个，面积在 200m² 以下的场地有 48 个（图 4-3）。

图 4-2 “十二五”时期末山东省主要文物保护修复场地分布情况

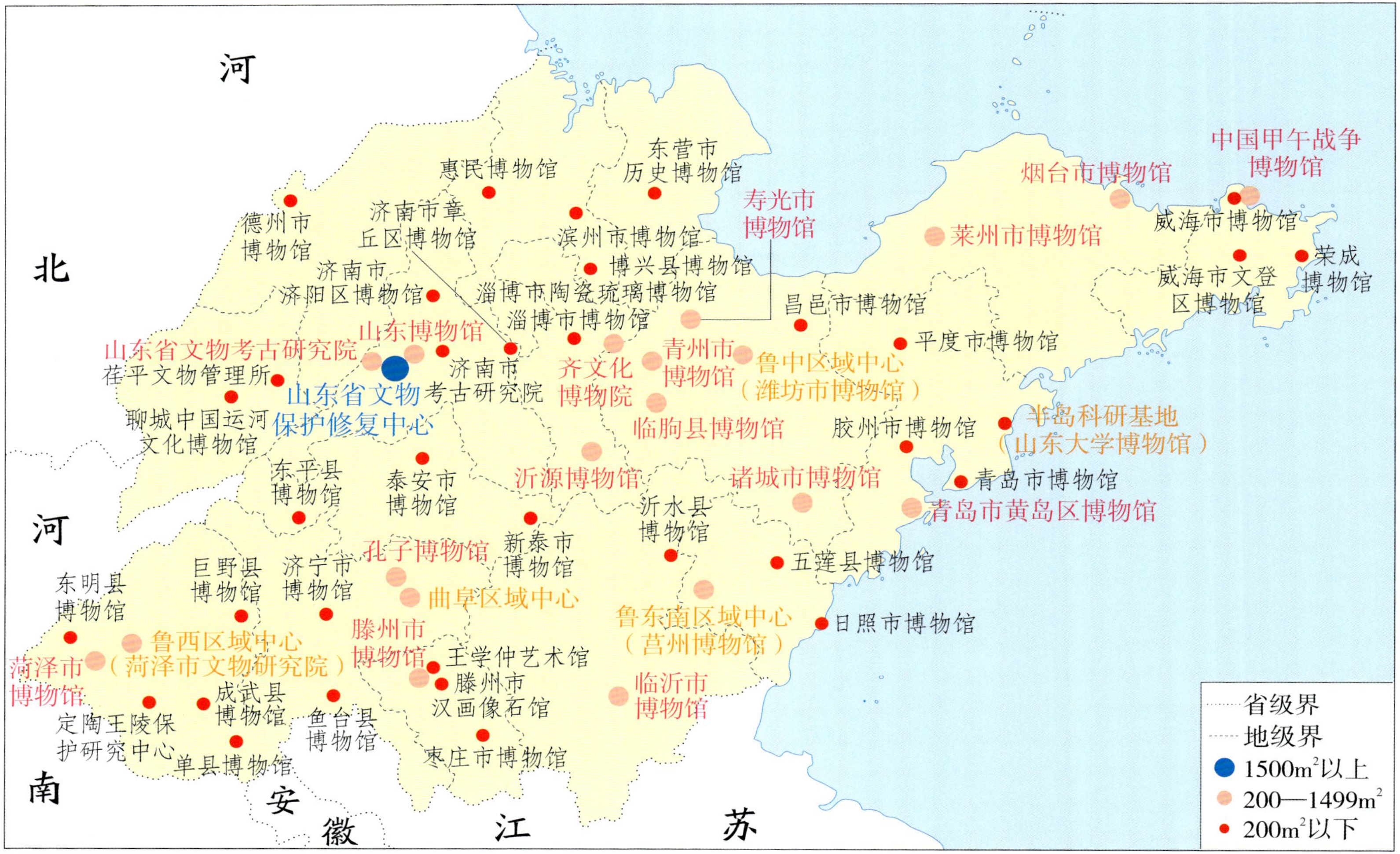

图 4-3 “十三五”期间山东省主要文物保护修复场地分布情况

“十二五”时期末，全省 45 个文物保护修复实验室中，可开展金属文物保护修复的场地有 10 个，可开展陶瓷文物保护修复的场地有 20 个，可开展石质文物保护修复的场地有 3 个，可开展纺织品文物保护修复的场地有 1 个，可开展纸张书画文物保护修复的场地有 9 个，可开展壁画文物保护修复的场地有 1 个，可开展漆木器文物保护修复的场地有 1 个（图 4-4）。

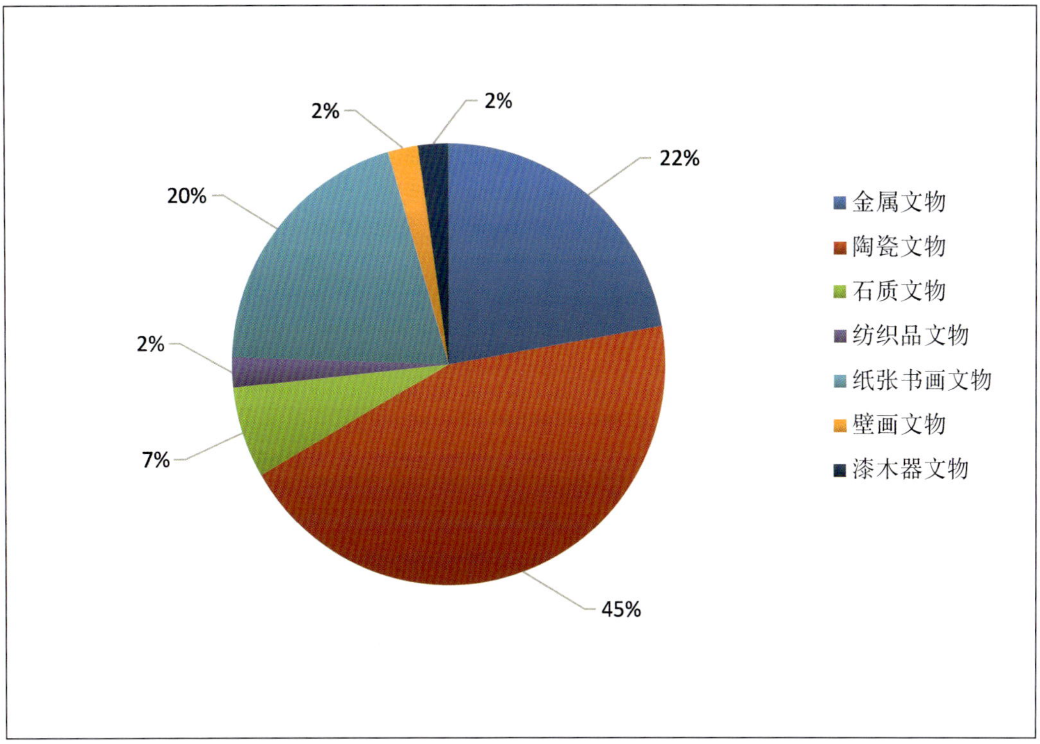

图 4-4 “十二五”时期末文物保护修复实验室可开展工作情况

“十三五”期间，全省综合类实验室明显增多，此类实验室可从事多种文物的保护修复工作。81 个文物保护修复实验室中，可开展陶瓷文物保护修复的场地有 11 个，可开展金属文物保护修复的场地有 4 个，可开展纸质文物保护修复的场地有 1 个，可开展纺织品文物保护修复的场地有 1 个，可开展出水文物保护修复的场地有 1 个，可开展革命文物保护修复的场地有 1 个；可同时开展金属、陶瓷文物保护修复的场地有 10 个，可同时开展陶瓷、纸质文物保护修复的场地有 5 个，可同时开展青铜、纸质文物保护修复的场地有 1 个，可同时开展金属、陶瓷、纸质文物保护修复的场地有 11 个，可同时开展青铜、陶瓷、石质文物保护修复的场地有 1 个。另有综合类实验室 22 个，以及仅有场地、需依靠外单位人员进行保护修复工作的修复实验室 12 个（图 4-5）。

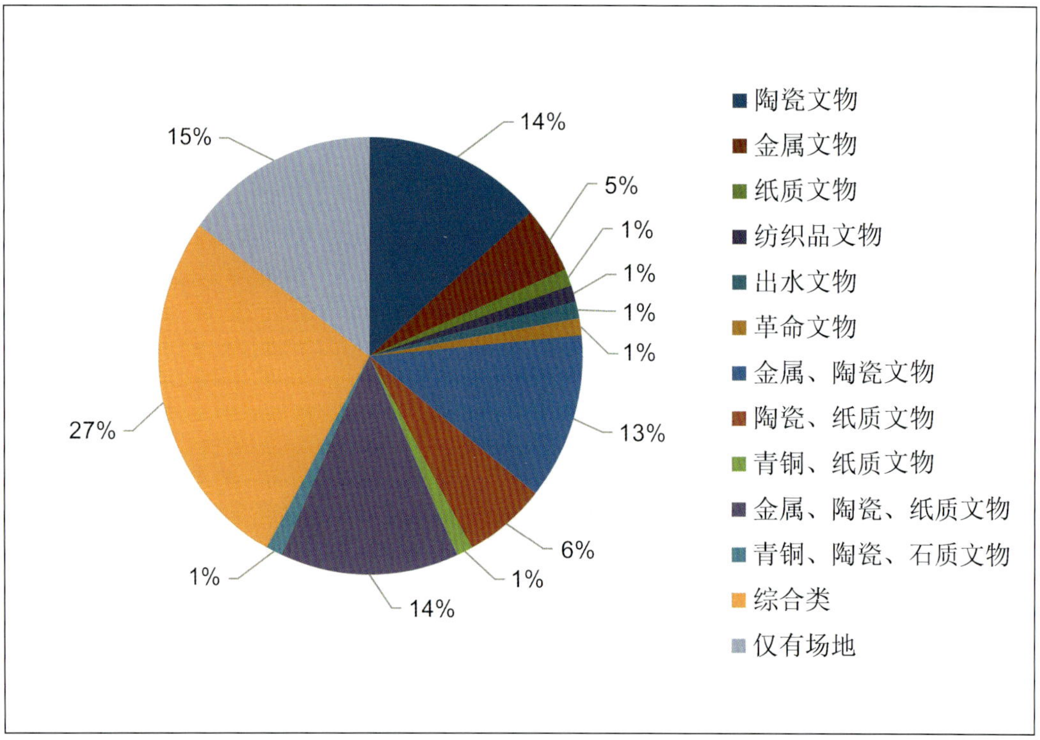

图 4-5 “十三五”期间文物保护修复实验室可开展工作情况

为加强全省文物保护修复力量，统筹管理全省可移动文物保护修复项目，提高项目管理水平，提升软硬件能力，加强交流合作，按照山东省文化和旅游厅、山东省文物局提出的“逐步建立以山东省文物保护修复中心为核心，地方重点博物馆为骨干，社会力量为补充的可移动文物保护修复网络体系”要求，“十三五”期间，山东已初步形成“一体两翼、多级联动”的可移动文物保护新格局。“一体”是指以山东省文物保护修复中心为核心的综合技术中心，以及曲阜、鲁中、鲁西、鲁东南 4 个区域中心和沂源、定陶、莱州、临沂、诸城、平度、黄岛 7 个工作站共同组成的主体框架。“两翼”是指建立起金属器、漆木器、陶质彩绘文物等国家文物局文物保护重点科研基地山东工作站和山东省可移动文物保护半岛科研基地（图 4-6）。

2. 文物保护修复实验室等级划分

依据 2013 年出台的《可移动文物保护修复室规范化建设与仪器装备基本要求（GB/T 30238—2013）》对实验室规模、设备、工作内容等方面的要求，可将山东省内现有的 81 个文物保护修复实验室分为如下几类：

满足综合中心保护修复室要求的仅有山东省文物保护修复中心 1 家单位；基本满足区域中心保护修复室要求的有孔子博物馆、山东艺术学院艺术管理学院、山东潍博文物修复有限公司、山东履道文物保护工程有限公司、山东文保文物修复技术有限公司 5 家单位；满足工作站保护修复室要求的有山东博物馆、山东省文物考古研究院、齐文化博物院、沂源博物馆、烟台市博物馆、潍坊市博物馆、青州市博物馆、曲阜龙翔文物工程有限公司、中国甲午战争博物馆、莒州博物馆、临沂市博物馆、山东工艺美术学院人文艺术学院、北京电影学院现代创意媒体学院、莱芜职业技术学院师范教育与艺术系、菏泽文化旅游投资集团有限公司、山东金石文物保护科技有限公司、山东润古轩文物保护工程有限公司等 18 家单位，其余单位的文物保护修复实验室均为普通文物修复工作室（图 4-7）。

图 4-6 “十三五”期间获得批准的山东省可移动文物保护修复网络体系分布情况

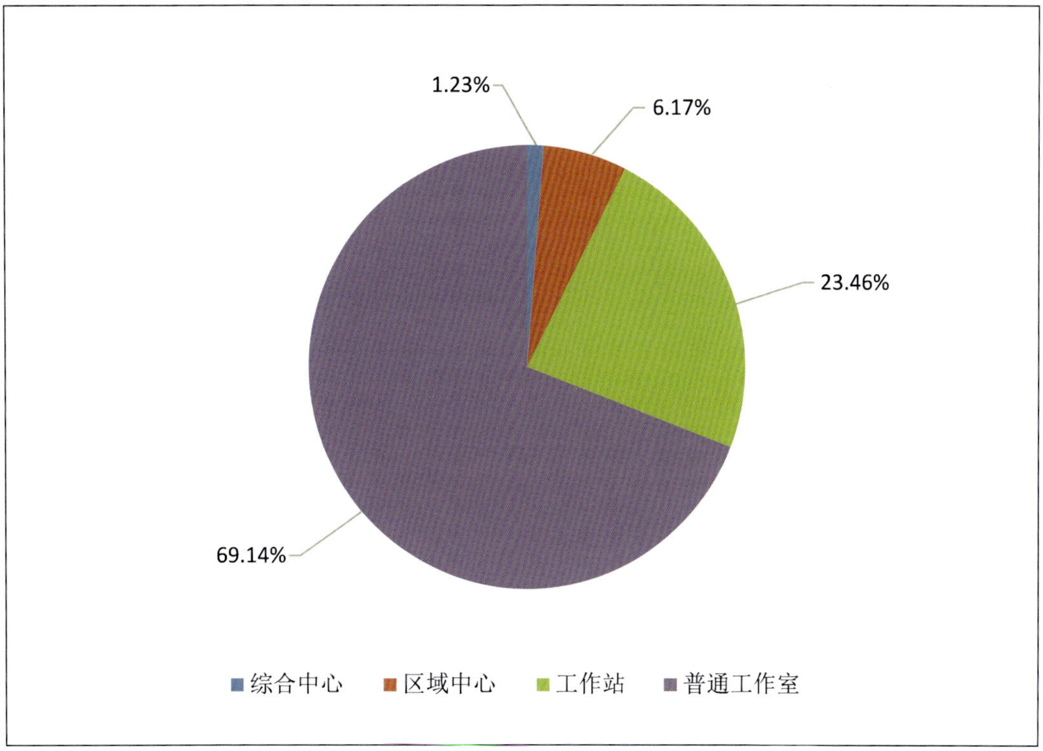

图 4-7　山东省内文物保护修复实验室分类情况

山东境内高端文物保护修复实验室占比较低，其原因主要有两个方面：一是现有文物保护修复实验室大多面积较小，无法承接体量较大的文物保护修复项目；二是分析研究能力不足，绝大多数文物保护修复实验室仅配备了基础设备或简单的文物保护修复设备。81 个文物保护修复实验室中，仅有 6 个实验室配备了分析检测设备，其中仅山东省文物保护修复中心、山东博物馆、山东艺术学院艺术管理学院 3 家单位的实验室配备了大型文物分析检测设备，其余 3 家单位（山东潍博文物修复有限公司、山东履道文物保护工程有限公司、山东文保文物修复技术有限公司）的实验室仅有小型手持式分析仪。

（二）文物保护修复从业人员情况分析

根据调研结果统计，截至 2021 年底，我省共有 301 名文物保护修复从业人员。参与调研的单位按性质可分为事业单位、高校、国有企业和私营企业四类。文物保护修复从业人员在四类单位中的数量为：事业单位 183 人，高校 23 人，国有企业 13 人，私营企业 82 人。事业单位如山东省文物保护修复中心、山东博物馆等，私营企业指从事文物保护修复相关技术服务的私人经营的公司，这两类单位吸纳了大多数的文物保护修复从业者。

按调研单位的等级类别划分，比如山东博物馆为省级单位、济南市博物馆为地市级单位、章丘区博物馆为区县级单位、私营企业为社会力量等，对参与调研单位吸纳文物保护修复从业人员的情况进行统计，结果如下：省级单位 66 人，地市级单位 80 人，区县级单位 50 人，高校 23 人，社会力量 82 人（图 4-8、4-9，附表 16-1、16-2）。

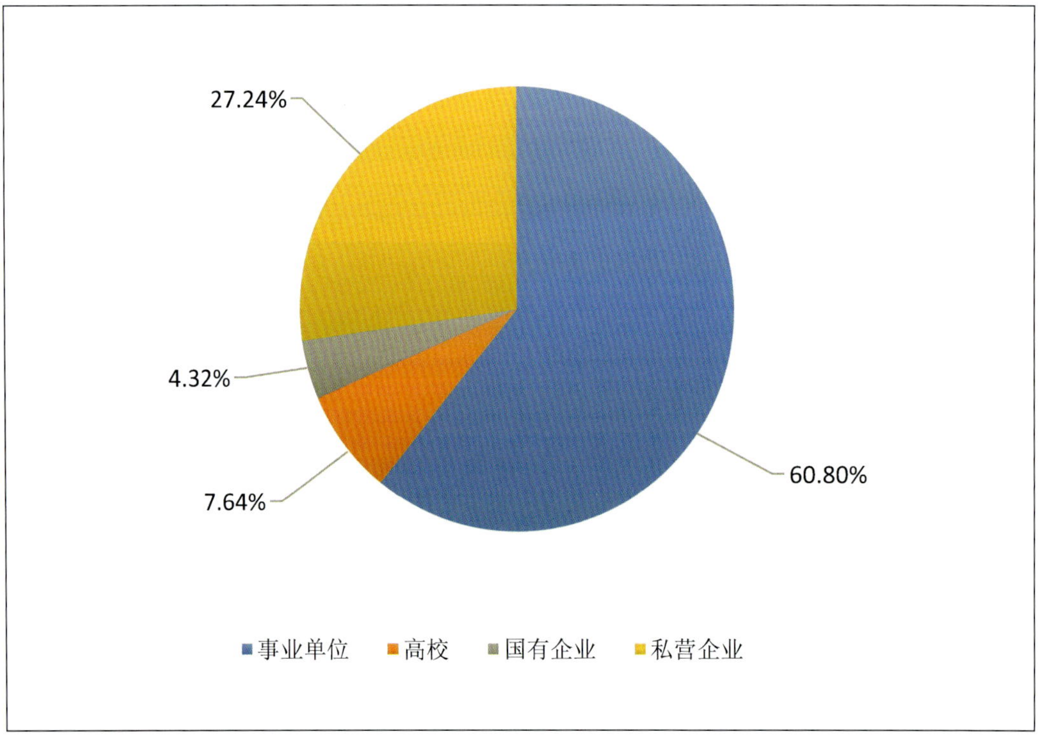

图 4-8　按所属单位性质统计文物保护修复从业人员占比情况

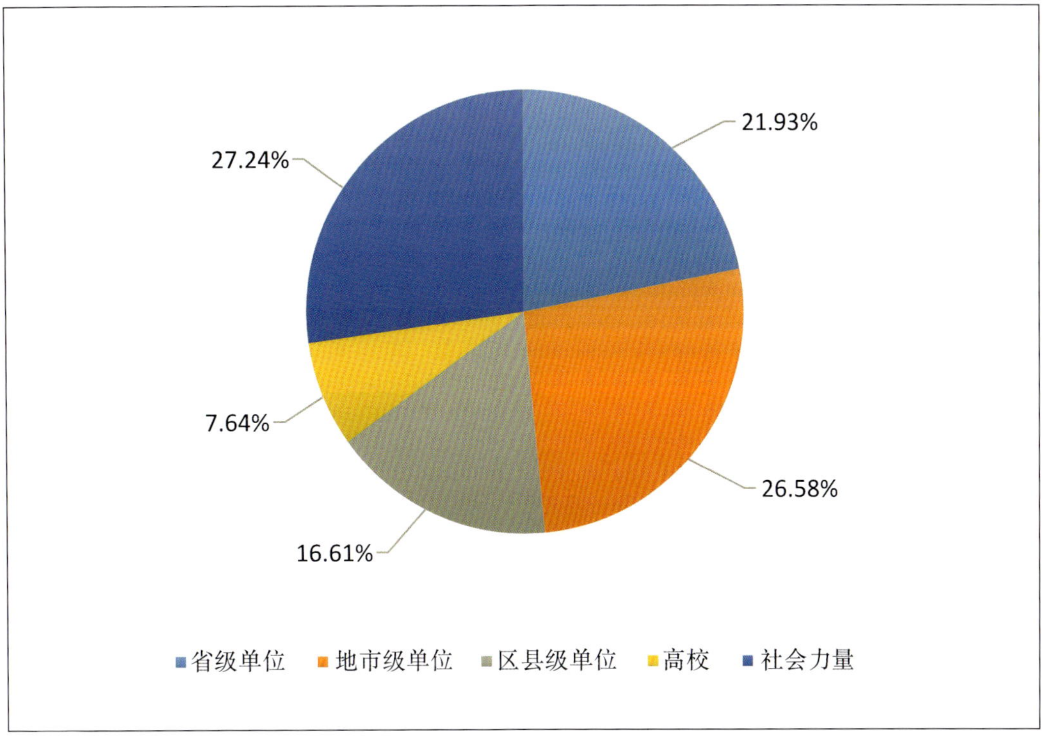

图 4-9 按所属单位等级类别统计文物保护修复从业人员占比情况

1. 人员地区分布情况分析

按参与调研单位的地理位置进行统计，比如将山东省文物保护修复中心等省直单位划归济南地区，可得出各地区文物保护修复从业人员的数量情况：济南 145 人，潍坊 38 人，济宁 28 人，菏泽 22 人，淄博 19 人，青岛 13 人，临沂 10 人，烟台 9 人，枣庄 8 人，东营 4 人，泰安 3 人，聊城 1 人，日照 1 人（图 4-10）。

将本次调查统计结果与“十二五”时期末的调查结果进行对比，可发现济南地区文物保护修复从业人员数量增长迅速，这一方面是因为省直文博单位对文物保护修复从业人员进行了大力引进及培养，另一方面是因为私营的文物保护修复公司得到蓬勃发展，组建了多支文物保护修复队伍。

从各地市文物收藏数量与文物保护修复从业人员数量对比情况来看，各地市文物保护修复从业人员数量与藏品数量基本成正比。经统计发现，文物保护修复从业人员多集中在地市级博物馆，区县级博物馆几乎没有。从全省来看，文物保护修复从业人员分布不均匀，地域差异较大。

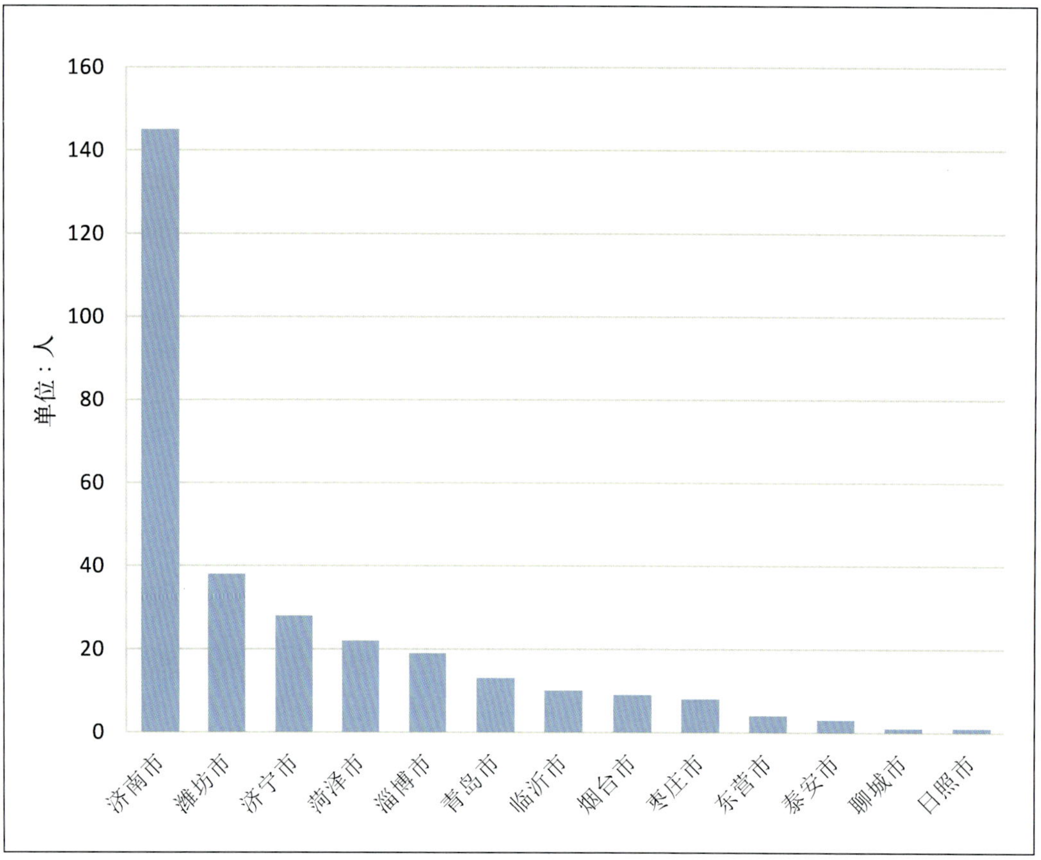

图 4-10　按所属单位所在地区统计文物保护修复从业人员数量情况

2. 专业背景情况分析

本次调研的 301 名文物保护修复人员，按学历可划分为五类，其中 51 人为研究生学历（博士 5 人、硕士 46 人），101 人为本科学历，102 人为大专学历，47 人为中专及以下学历（图 4-11）。

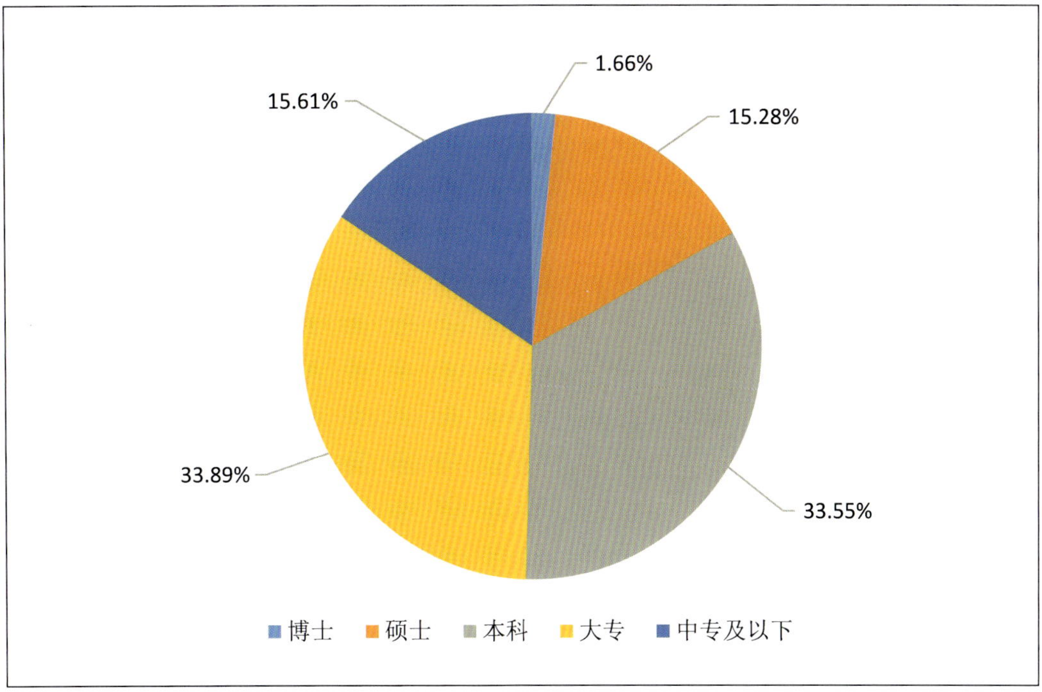

图 4-11　文物保护修复从业人员学历占比情况

从专业背景来看，全省文物保护修复从业人员分为文博、理工、文科三个专业属类。其中，文物保护技术、文物修复、文物鉴定、科学技术史、博物馆学、美术等专业归为文博类，共计 209 人；数控设计、计算机、化学、物理、机械、土木工程等专业归为理工类，共计 19 人；会计、电算化、档案文秘、广播电视、新闻学、管理学、旅游管理、中文等专业归为文科类，共计 37 人；剩余为初高中学历等没有专业或没有标注专业的，共计 36 人。

301 人中，具有文物保护专业背景的共计 16 人，约占总人数的 5%；具有文物修复专业背景的共计 84 人，约占总人数的 28%。此次调研结果显示，具有文博类专业背景的保护修复人员共计 207 名，约占总人数的 69%，具有文物保护、文物修复等文博类专业背景的人员数量比“十二五”时期末有明显增加。而具有会计、档案文秘、管理学等各种非文博专业背景的人员，则多从事文物价值研究等工作（图 4-12）。

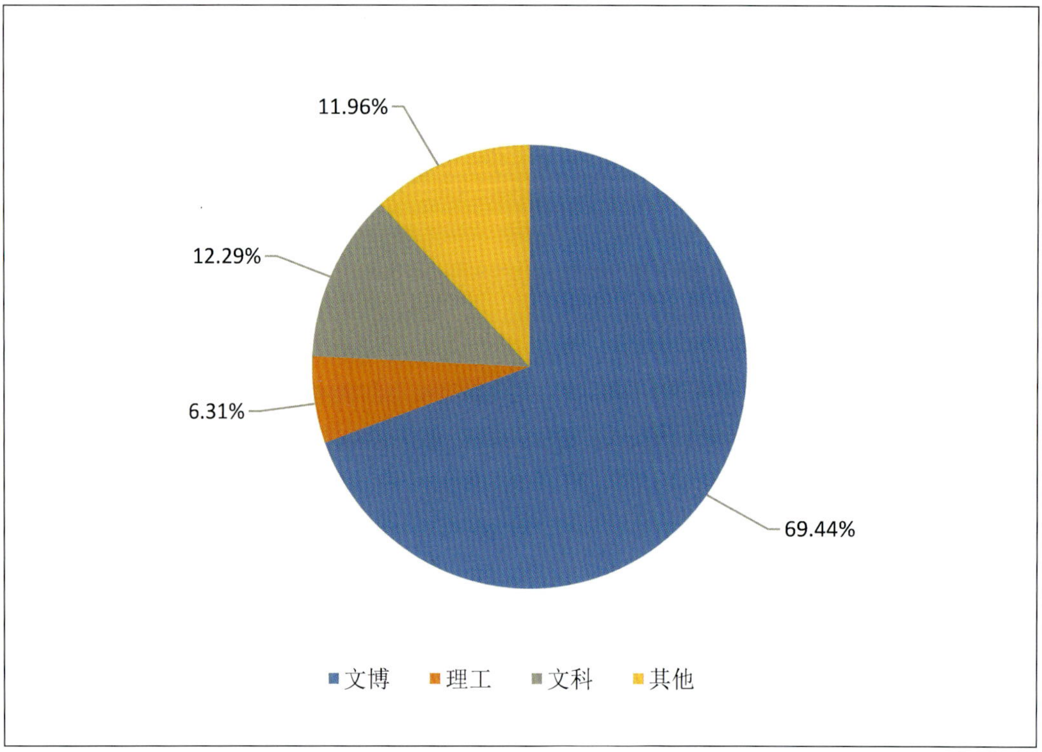

图 4-12　文物保护修复从业人员专业背景情况

3. 年龄结构情况分析

301 人中，小于 35 岁的有 161 人，36—50 岁的有 98 人，大于 51 岁的有 42 人。小于 35 岁的青年人超过总人数的一半，文物保护修复队伍呈现年轻化趋势。年轻人易于接受新事物，对新知识的消化吸收能力强，经过学习培训，能将老辈人传统的修复方法与现代科学技术相结合、将修复与研究相结合，有助于加快我省文物保护与科研工作的步伐（图 4-13）。

按性别统计，301 人中有男性 167 人、女性 134 人。按年龄层次统计，301 人中，年龄在 20 岁以下的有 1 人，20—29 岁之间的有 95 人，30—39 岁之间的有 97 人，40—49 岁之间的有 61 人，50 岁以上的有 47 人（图 4-14）。

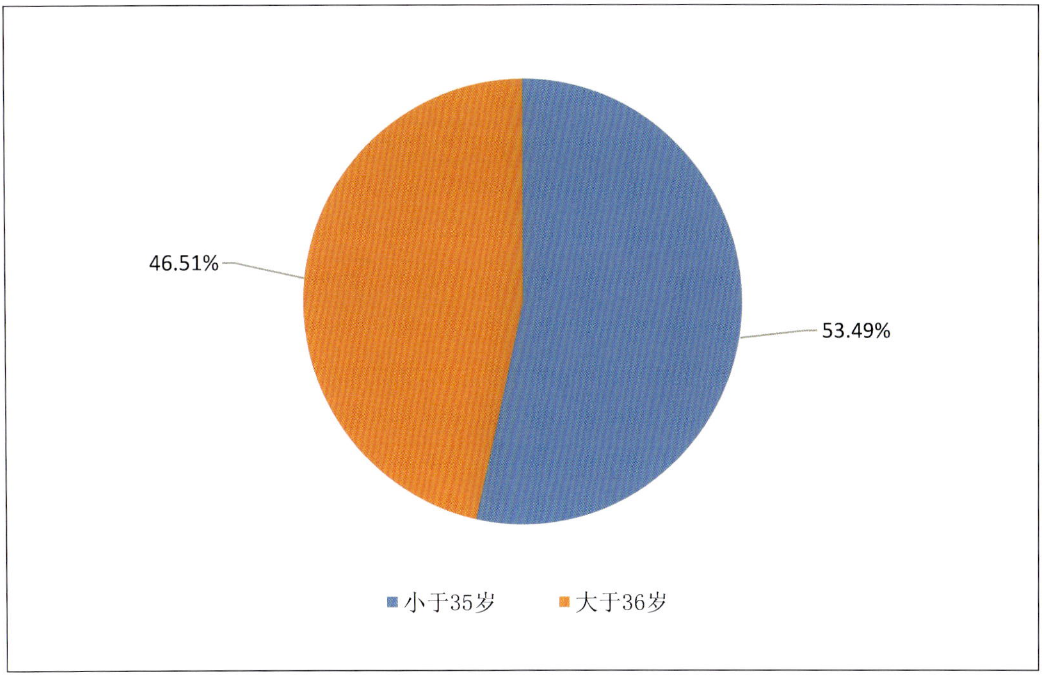

图 4-13 不同年龄层次文物保护修复从业人员占比情况 1

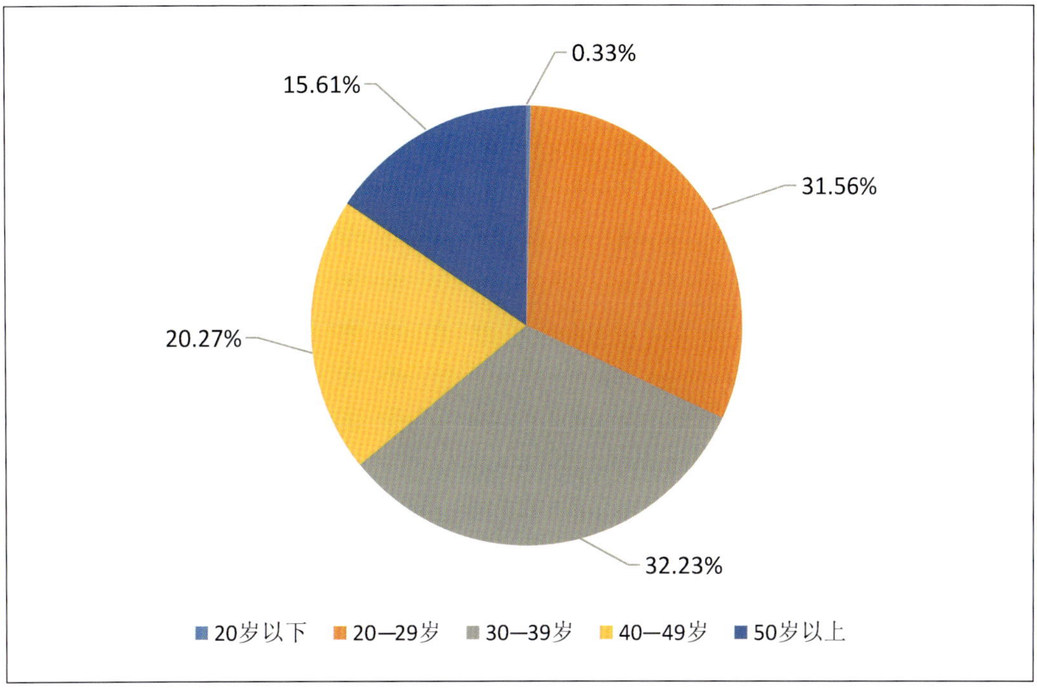

图 4-14 不同年龄层次文物保护修复从业人员占比情况 2

4. 用工情况分析

301人中，在编人员有149人，聘用人员有149人，返聘人员有3人。文物保护修复是一项专业性较强的工作，需要专职修复人员，而真正有能力实施修复的人员较少，这一矛盾可以通过聘用社会人员来解决。从调查结果来看，聘用人员占49.5%，与“十二五”时期末相比增长迅速，而且聘用人员多为年轻人。

5. 人员培训情况分析

“十三五”期间，全省301位文物保护修复人员中，有94人参加了国家文物局举办的文物保护培训班，共计参加195人次，培训次数最多的人参加了5次，平均每人参加次数为2.07次；有207人没有参加过培训班。从培训班的举办层次来看，国家级培训有36次，以国家文化和旅游部、国家文物局举办的培训为主；中国文物保护技术协会等行业协会举办的培训有20次，文保协会作为我国文物科技工作者的学术性群众团体，有针对性地组织了较多文物保护修复专业培训；省级单位举办的培训有139次，主要是山东省文化和旅游厅（山东省文物局）、山东省文物保护修复中心、山东博物馆等组织的各类文物管理、鉴定、知识普及培训，较少涉及专业的文物修复知识等内容（图4-15）。

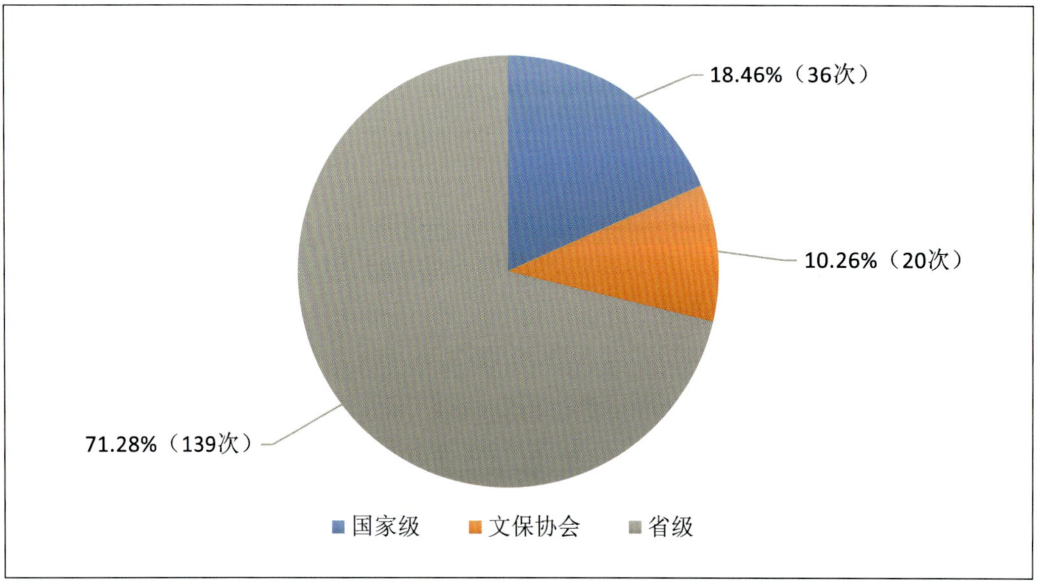

图4-15　按培训班层次统计人员培训情况

6. 业务水平情况分析

按照可移动文物质地，全省文物保护修复从业人员专长方向可分为陶瓷、金属、砖石、书画、古籍、漆木器、纺织品 7 个大类。根据调查结果分析，具有陶瓷文物保护修复专长的有 109 人，具有金属文物保护修复专长的有 124 人，具有砖石文物保护修复专长的有 51 人，具有书画文物保护修复专长的有 93 人，具有古籍文物保护修复专长的有 14 人，具有漆木器文物保护修复专长的有 16 人，具有纺织品文物保护修复专长的有 11 人。若按文物大类分析，其中 184 人具有无机类文物保护修复专长，124 人具有有机类文物保护修复专长（图 4-16）。

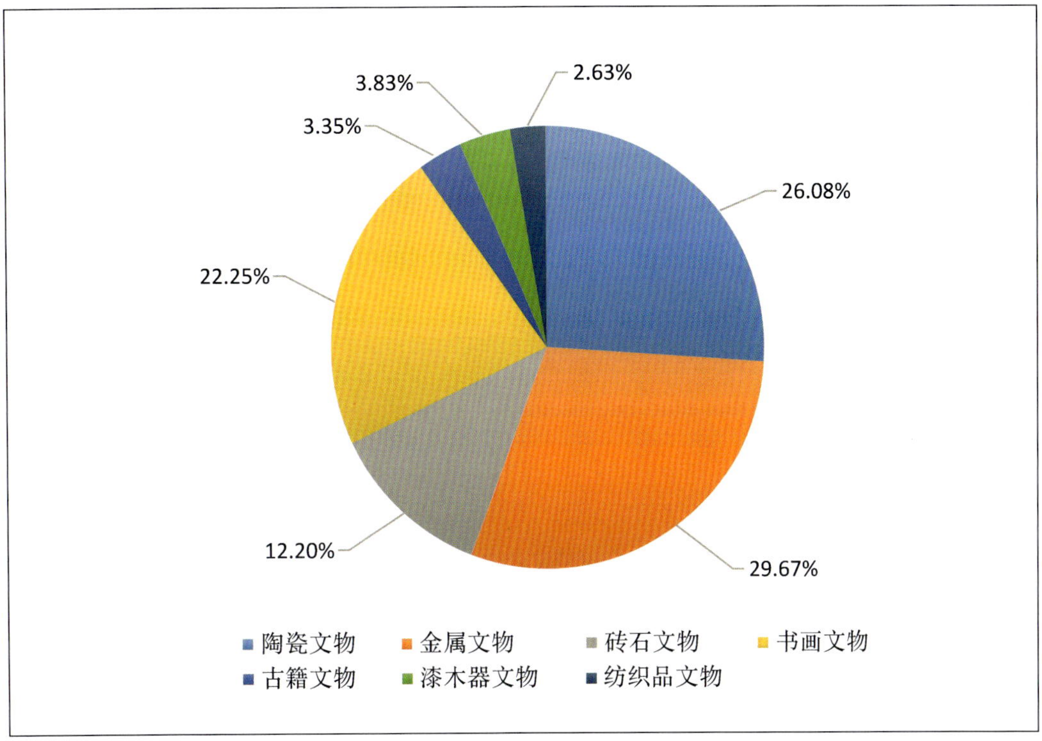

图 4-16 按文物质地统计文物保护修复从业人员专长占比情况

从参加项目情况方面分析，有 201 人次参加过文物保护修复项目，但参加过国家文物局批准的可移动文物保护修复项目的仅有 97 人次。他们参与的项目类型以文物本体修复为主，文物预防性保护和数字化保护项目较少，三个类别参与人员的比例为 60∶2∶1。这主要是因为文物预防性保护和数字化保护项目的实施以社会力量为主体，这两类项目以货物采购、安装调试以及数字化扫描、系统搭建运行为主，传统的文物保护修复从业人员缺乏这方面的知识涵养。这也体现出此类人员的短缺。整体来说，保护修复从业人员参加培训次数少、参与项目偏少，而且培训与项目多侧重于金属类文物和陶瓷类文物，涉及的文物种类也较少。

从业时间是文物保护修复从业人员对本行业熟悉程度的一个重要衡量指标。据本次统计结果显示，从事文物保护修复行业 30 年及以上的有 17 人，20—29 年的有 36 人，10—19 年的有 53 人，6—9 年的有 60 人，0—5 年的有 135 人。尤其是“十三五”时期吸引了 109 人加入全省文物保护行业，可见本行业正处于蓬勃发展时期（图 4-17）。

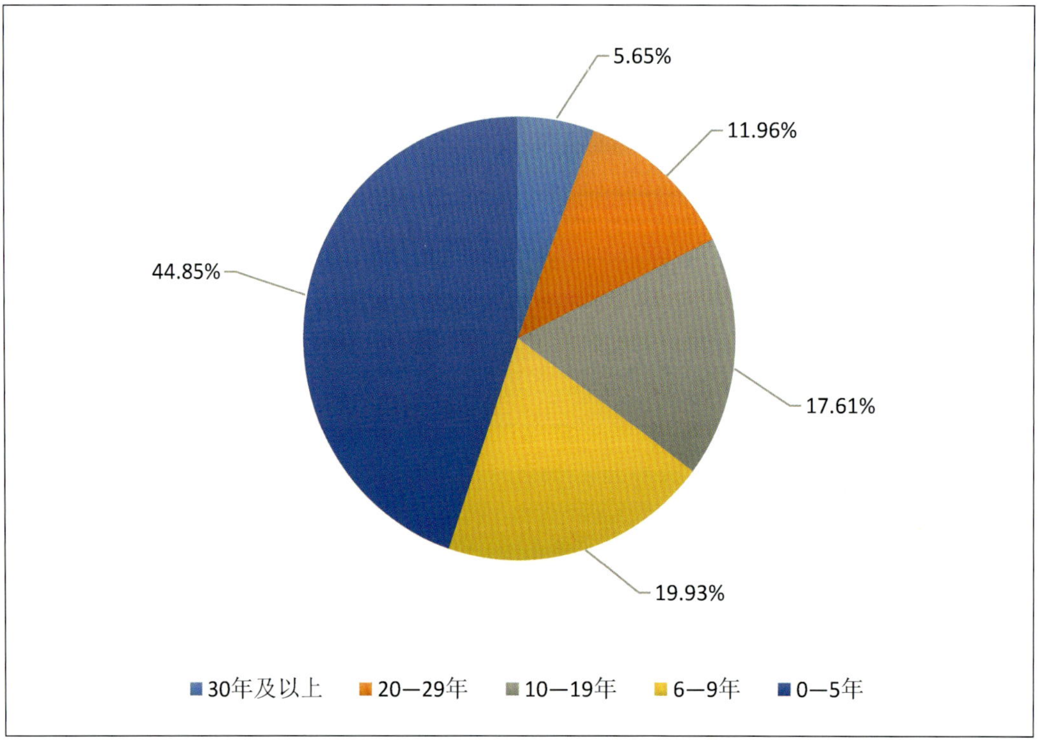

图 4-17　文物保护修复从业人员从业时间统计情况

五、文物保护修复项目情况分析

（一）“十三五”期间文物保护修复项目情况分析

依据调研结果，“十三五”期间，全省申请的国家文物局重点文物保护专项补助资金到位经费约3.26亿元，共有246个可移动文物保护修复项目实施，包括141个本体修复项目、65个预防性保护项目、40个数字化保护项目（附表17-1）；本体修复文物数量合计45061件，数字化保护文物数量合计184007件。本体修复项目一般由具备文物修复资质的国有文博单位和社会力量分别承担，而预防性保护和数字化保护项目则因受制于人员、技术和工作性质等，基本由社会力量承担。

1.项目地区分布情况分析

按所在单位的地理位置统计，“十三五”期间，全省各地市实施可移动文物保护修复项目的数量情况如下：潍坊34个，菏泽30个，省直28个，青岛22个，济南21个，滨州15个，济宁13个，威海12个，淄博12个，枣庄10个，烟台9个，泰安9个，临沂8个，日照7个，德州6个，聊城5个，东营4个，高校1个（图5-1）。

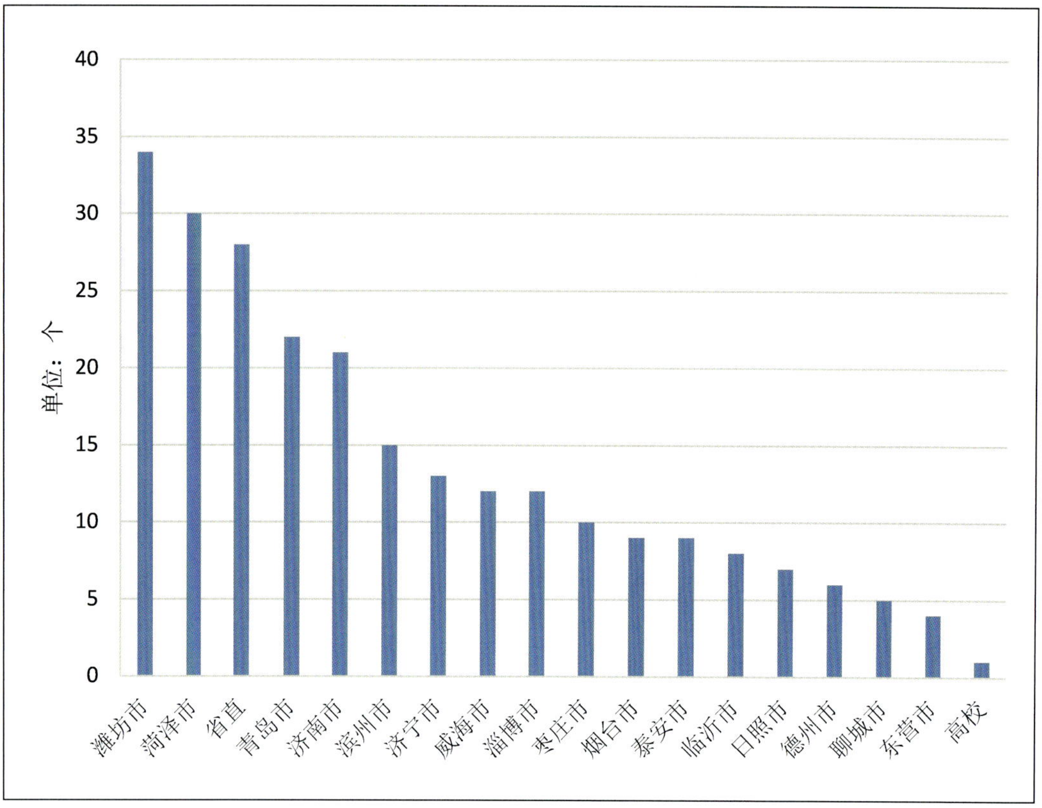

图 5-1 “十三五”期间各地市可移动文物保护修复项目实施数量情况

将上述数据和各地市馆藏文物数量综合对比来看，各地市文物保护修复项目实施数量与各自的馆藏文物数量基本保持一致。

2. 项目所涉文物类型情况分析

据统计，141 个本体修复项目中，若按文物质地划分，包括 48 个金属文物本体修复项目、45 个书画文物本体修复项目、22 个陶瓷文物本体修复项目、13 个石质文物本体修复项目、4 个纺织文物本体修复项目、3 个漆木器文物本体修复项目、6 个革命文物本体修复项目。需要说明的是，书画文物包括书画拓片和古籍善本等，陶瓷文物包括彩绘陶器、砖瓦和瓷器等，金属文物包括青铜器、铁器等；革命文物因为质地多样、属性明确，所以单独列出（图 5-2）。

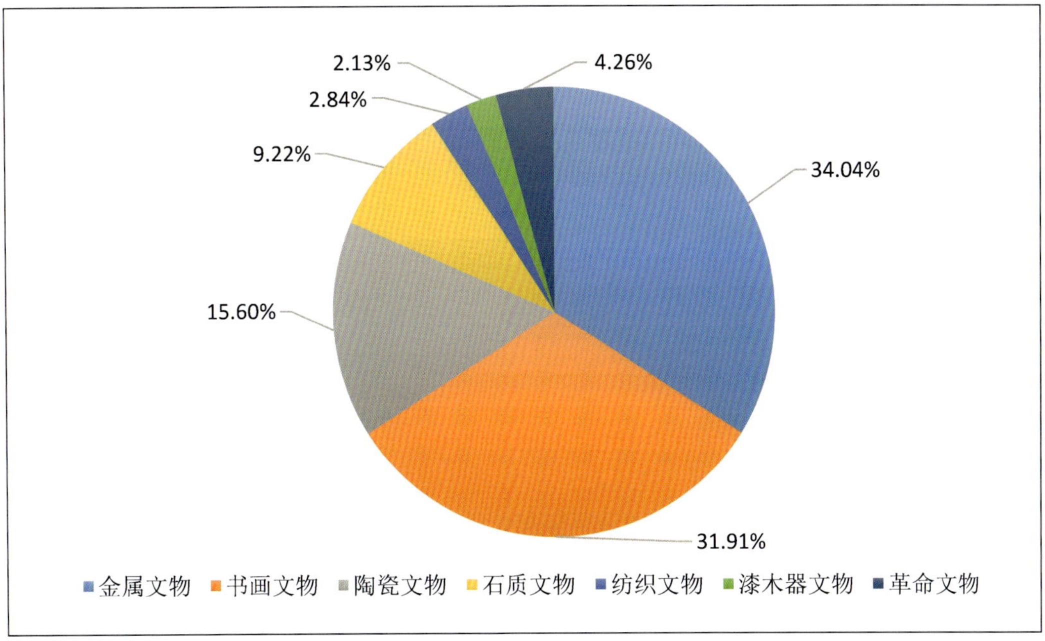

图 5-2　不同质地可移动文物本体修复项目占比情况

根据统计可知，246 个可移动文物保护修复项目中，有 141 个本体修复项目、65 个预防性保护项目、40 个数字化保护项目。预防性保护和数字化保护项目在整个文物保护修复项目中的占比分别为 26.42%、16.26%（图 5-3）。

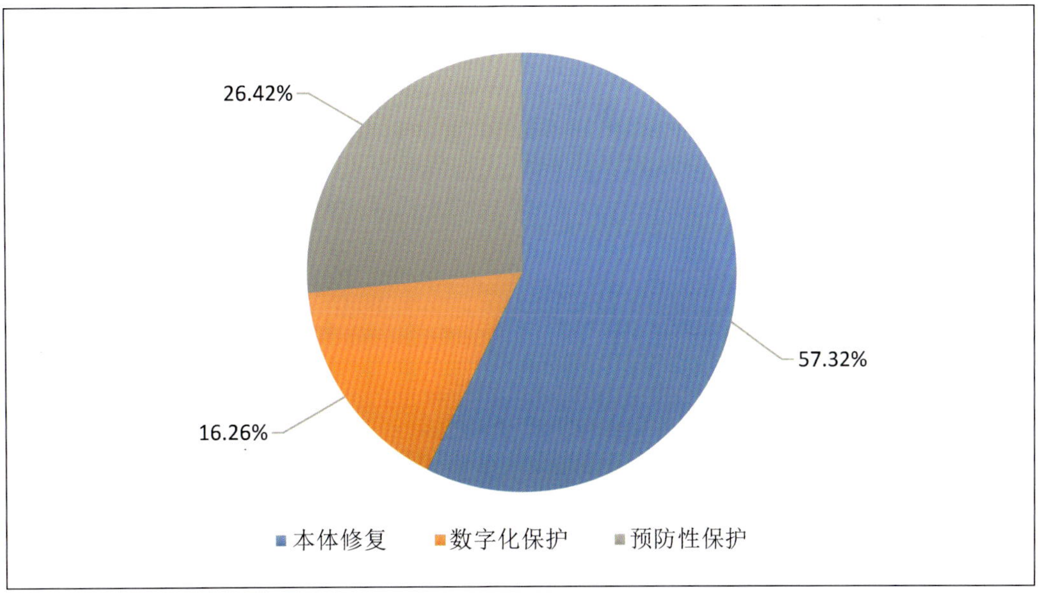

图 5-3　可移动文物本体修复、预防性保护和数字化保护项目占比情况

3. 项目经费到位情况分析

根据调查统计，“十三五”期间，全省每年度到位可移动文物保护补助经费情况如下：2016 年到位经费 4033 万元，2017 年到位经费 2046 万元，2018 年到位经费 8136 万元，2019 年到位经费 8396 万元，2020 年到位经费 12664 万元（图 5-4）。

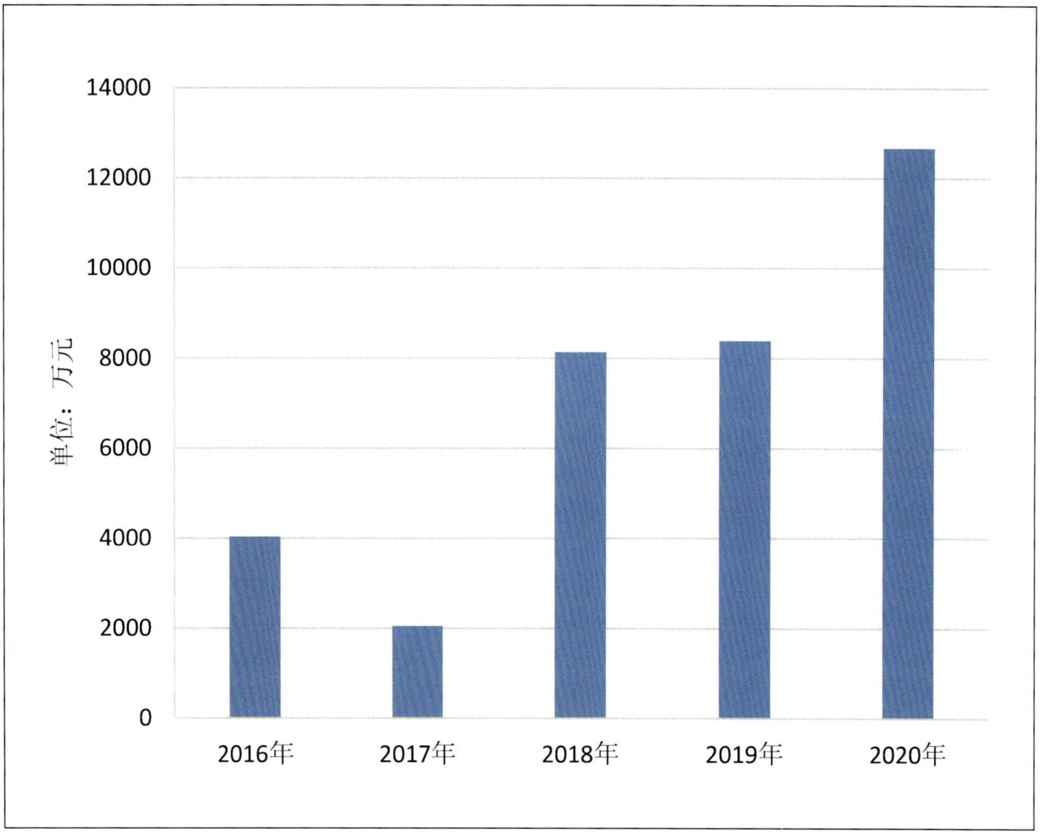

图 5-4 “十三五”期间年度到位可移动文物保护补助经费情况

由此可见，从“十三五”后期开始，全省可移动文物保护补助经费逐年增加，这与可移动文物保护修复项目数量的逐年增加有直接关系，同时体现出国家文物局对山东可移动文物保护修复工作的大力支持和认可。

4. 项目实施情况分析

根据调查统计，“十三五”期间，246 个可移动文物保护修复项目中，“已经完成”的项目有 134 个，“正在开展”的项目有 78 个，“尚未开展”的项目有 34 个，开工率为 86.18%，完成率为 54.47%，与“十二五”时期末项目的开工率和完成率相比，有较大提升（图 5-5，附表 17-2）。

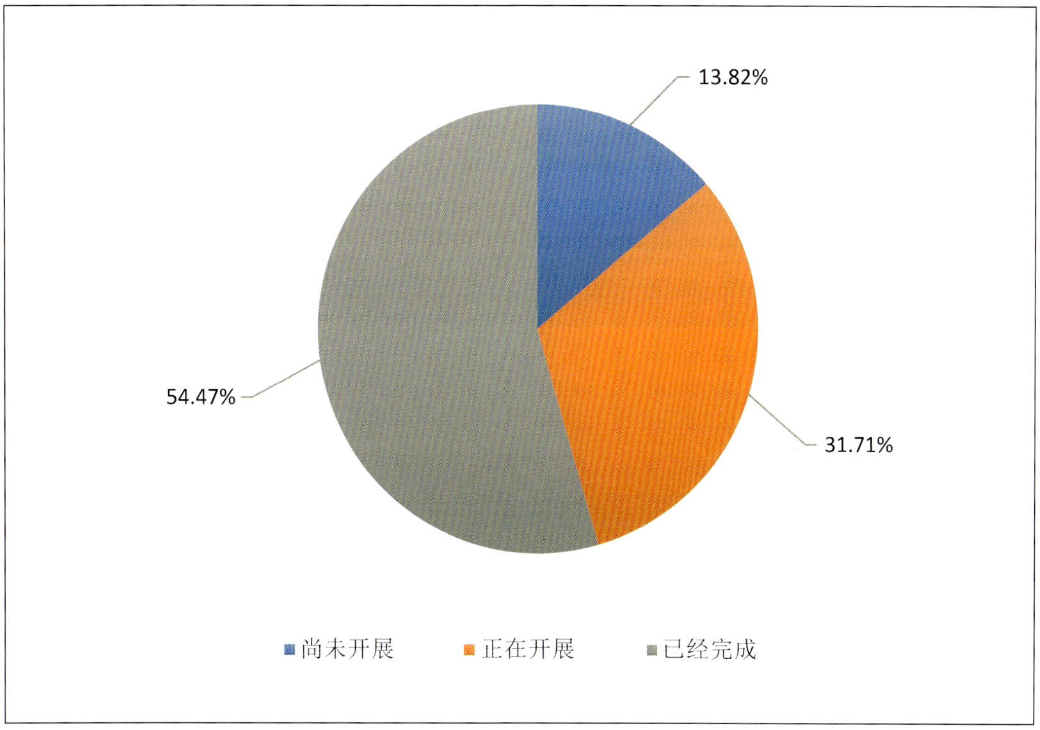

图 5-5 “十三五”期间可移动文物保护修复项目实施情况

具体来看，本体修复项目中，“已经完成”项目、“正在开展”项目、“尚未开展”项目的占比分别为 53.90%、34.75%、11.35%；预防性保护项目中，“已经完成”项目、“正在开展”项目、“尚未开展”项目的占比分别为 69.23%、20%、10.77%；数字化保护项目中，“已经完成”项目、“正在开展”项目、“尚未开展”项目的占比分别为 40%、20%、40%（图 5-6、5-7、5-8）。

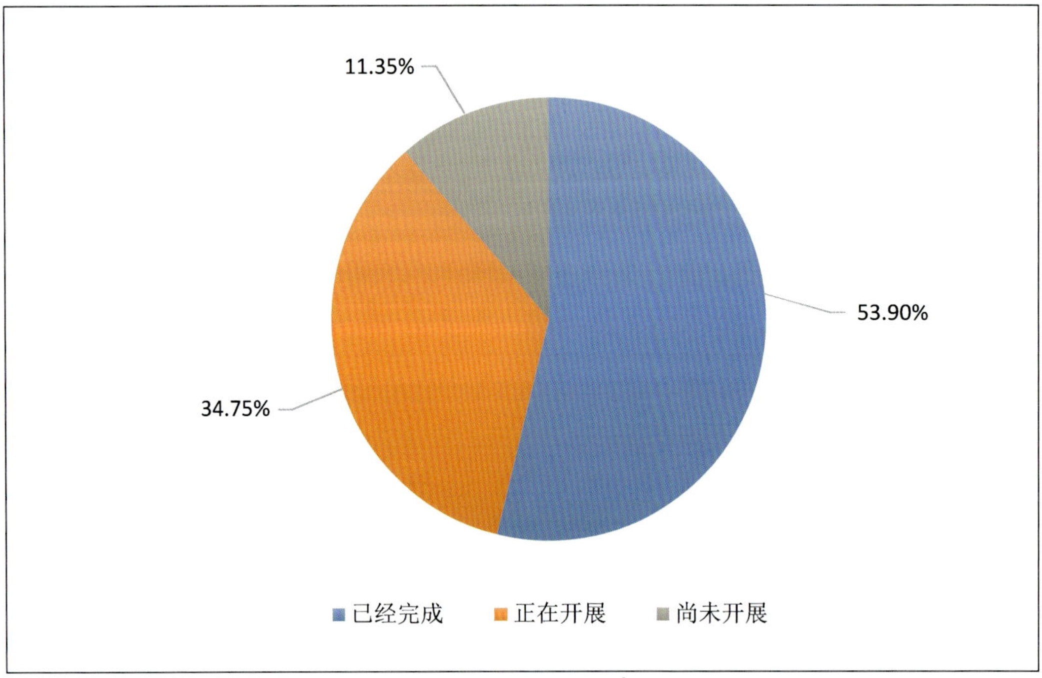

图 5-6　可移动文物本体修复项目实施情况

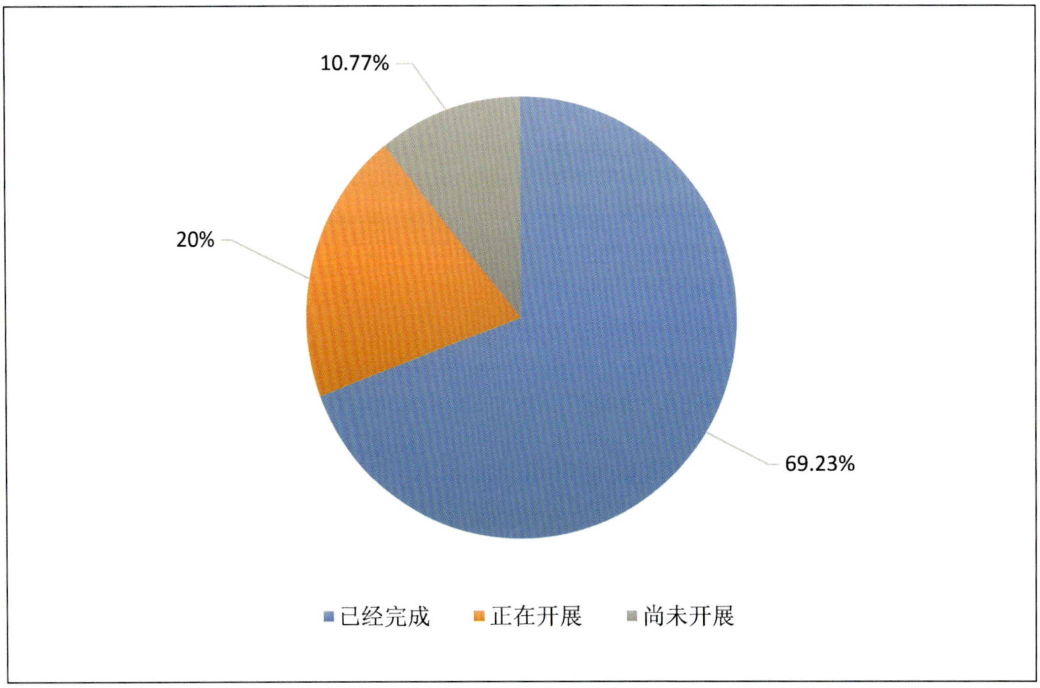

图 5-7　可移动文物预防性保护项目实施情况

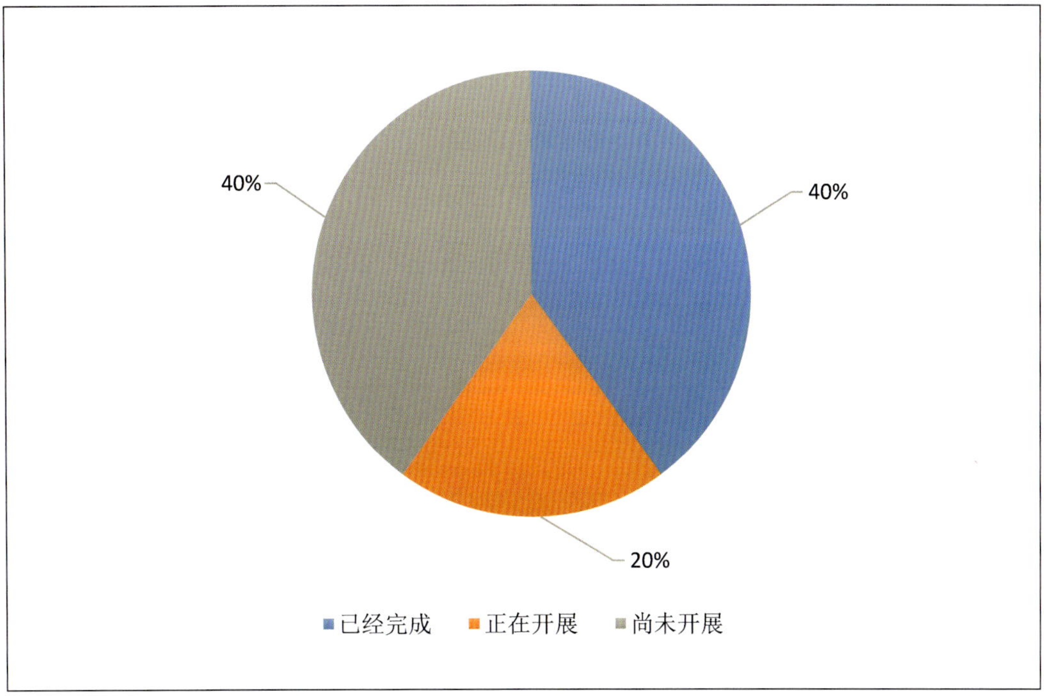

图 5-8　可移动文物数字化保护项目实施情况

综合所有项目情况来看，本体修复项目依旧占主要地位，但预防性保护和数字化保护项目的数量也在逐步增加，说明这两种可移动文物保护方向越来越受到重视。

5. 文物持有单位、方案编制单位、项目实施单位情况分析

在本次调研中，每个项目均包含了文物持有单位及项目实施单位。文物持有单位一般是项目所涉及的文物收藏单位。项目实施单位则是具体承担项目实施工作的单位。若将涉及的全部单位按性质划分为国有文博单位、高校、社会力量，由此可分别统计不同性质单位参与项目的情况。

项目实施单位按性质可以划分为国有文博单位、高校、社会力量。以本体修复项目为研究范围，在“正在开展”和“已经完成”的项目中，经统计，国有文博单位负责的项目占比为 50.88%，高校负责的项目占比为 2.63%，社会力量负责的项目占比为 46.49%（图 5-9、5-10）。

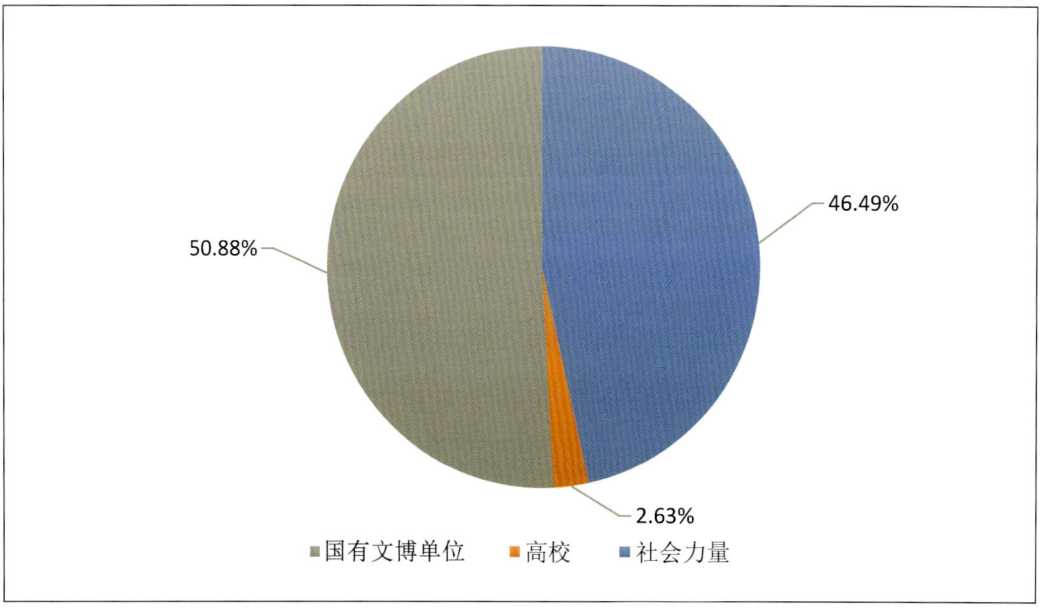

图 5-9　可移动文物本体修复项目实施单位按性质划分情况

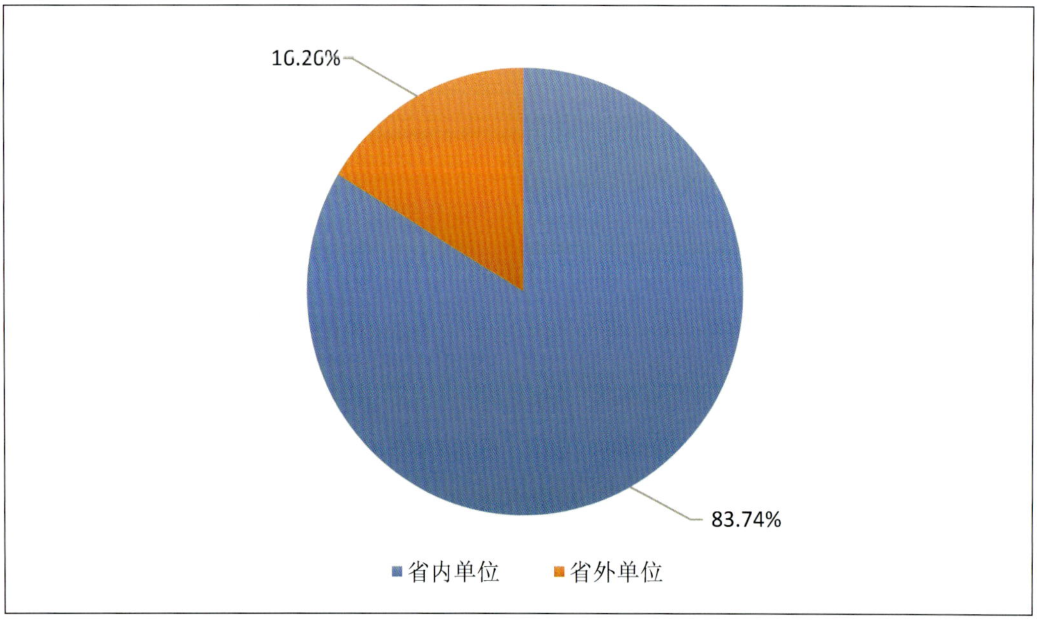

图 5-10　可移动文物本体修复项目实施单位按区域划分情况

综合来看，不同性质的单位在项目参与过程中所处的位置各有不同，国有文博单位有着丰厚的文物资源，省内的文保社会力量在方案编制及项目实施方面都有所贡献。同时，各文博单位在方案编制和项目实施过程中也会经常与外省的文物保护力量合作。跨区域合作可以更好地整合能力资源，使省内外文物保护单位互相借鉴学习、取长补短，能够为项目的圆满完成提供更好的保障。此外，随着文物保护专业在高校的不断发展，北京大学文博学院、西北大学文化遗产研究院、山东大学文化遗产研究院等高校文博科研机构，同样为山东文物保护事业的发展做出了贡献。随着教育力度的加大和宣传活动的推广，相信会有越来越多的新生代投入文物保护事业中。

6. 文物保护后利用情况分析

项目所涉及文物的利用率，即项目所涉及文物得到修复后，进行利用的文物件数 ÷ 项目涉及的文物总件数 ×100%。据统计，项目的利用率按照 100%、高于 50%、低于 50% 进行划分，可得出不同利用率的项目数量占比情况。由此可知，有约 74.86% 的项目实现了保护修复后的文物完全利用，有约 13.66% 的项目文物利用率高于 50%，有约 11.48% 的项目文物利用率低于 50%（图 5-11）。

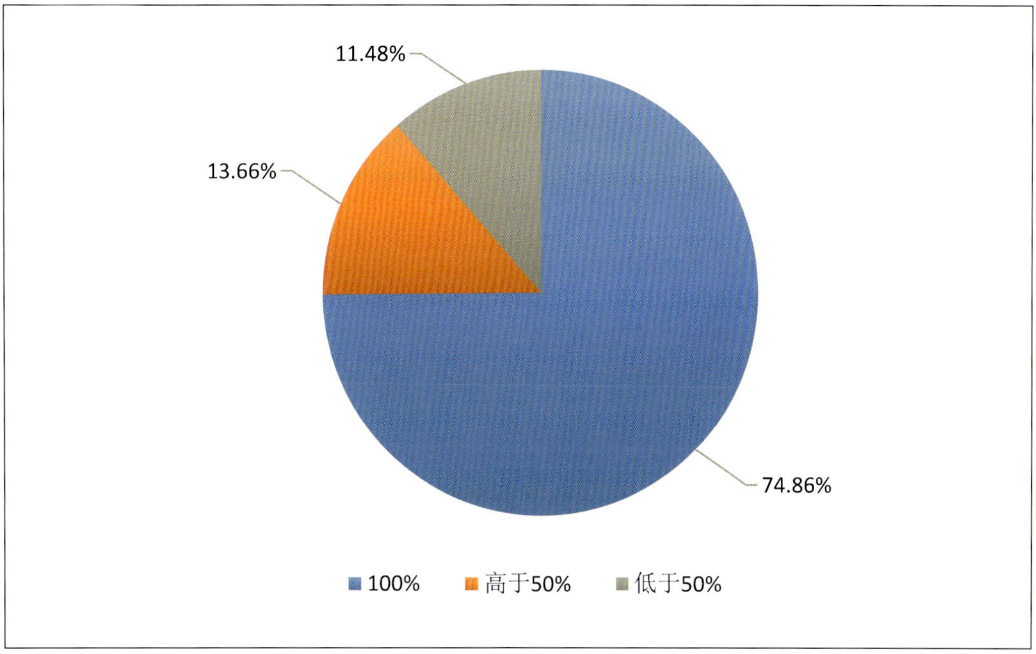

图 5-11　可移动文物保护修复项目不同利用率占比情况

文物利用形式可分为展览、文创、研究和其他四个类别。经统计，在本次调研的可移动文物保护修复项目中，用于展览的项目有 130 个，用于研究的项目有 33 个，用于其他类别的项目有 46 个，而将修复后的文物用于文创的项目数量为 0。若将项目按本体修复、预防性保护、数字化保护分类，用于展览的各类项目数量分别为本体修复 90 个、预防性保护 37 个、数字化保护 3 个；用于研究的各类项目数量分别为本体修复 26 个、预防性保护 5 个、数字化保护 2 个；其他利用形式的各类项目数量分别为本体修复 6 个、预防性保护 38 个、数字化保护 2 个（图 5-12、5-13、5-14、5-15）。

总体来看，我省可移动文物保护修复项目的利用情况如下：在利用形式方面，用于展览的居多，其中又以本体修复项目用于展览为主，用于研究的力度还需加强，仍有相当数量的文物保护修复项目未被利用起来，文创利用方面显得格外薄弱。

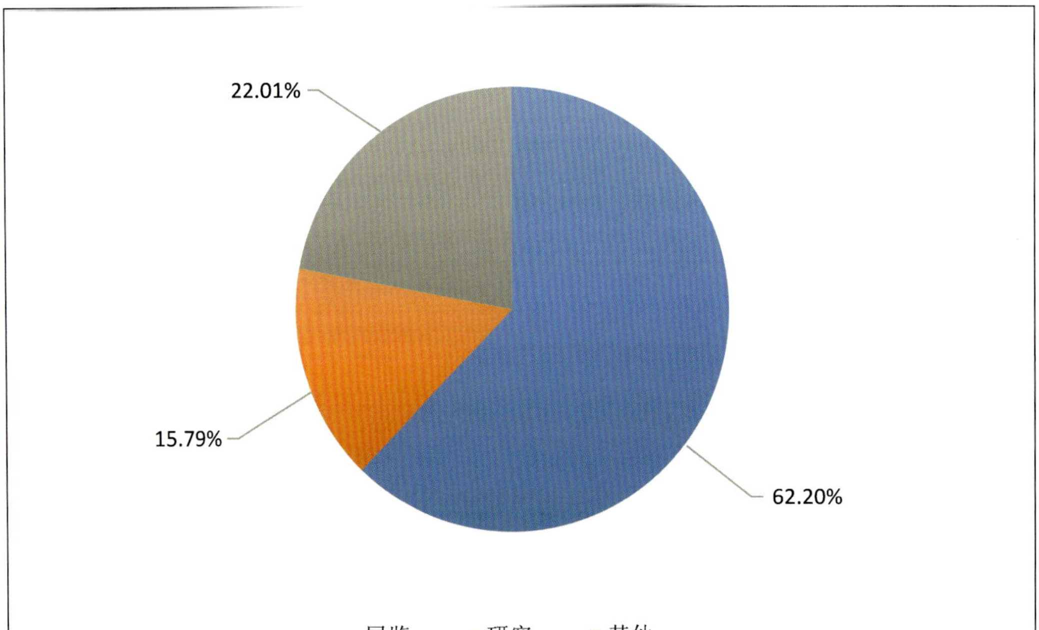

图 5-12　不同利用形式的各类可移动文物保护修复项目占比情况

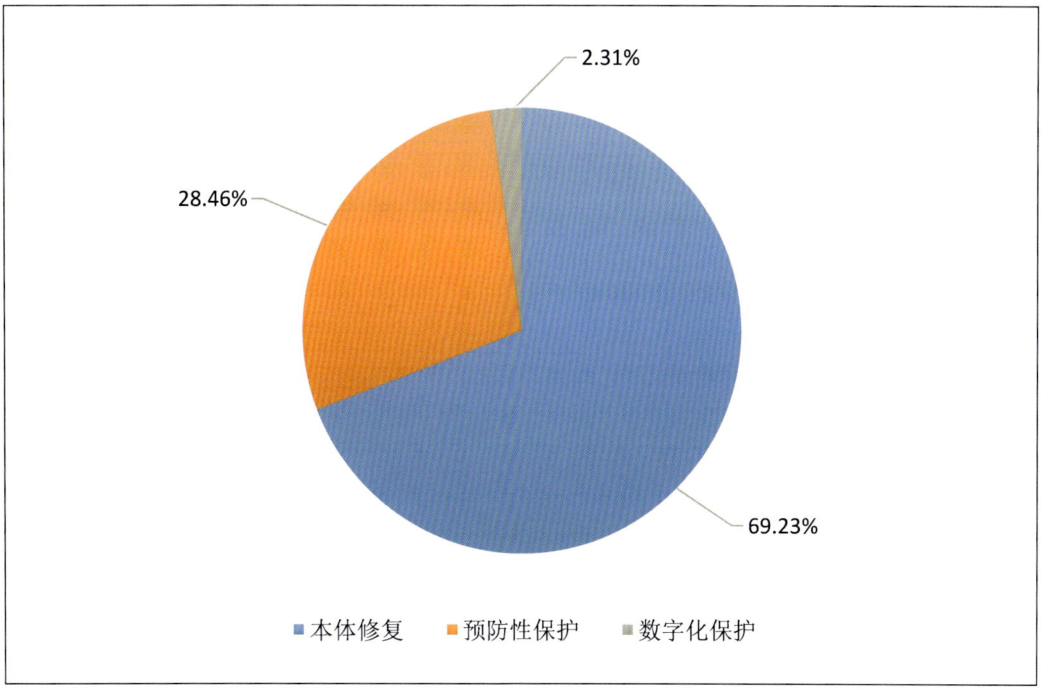

图 5-13　用于展览的各类可移动文物保护修复项目占比情况

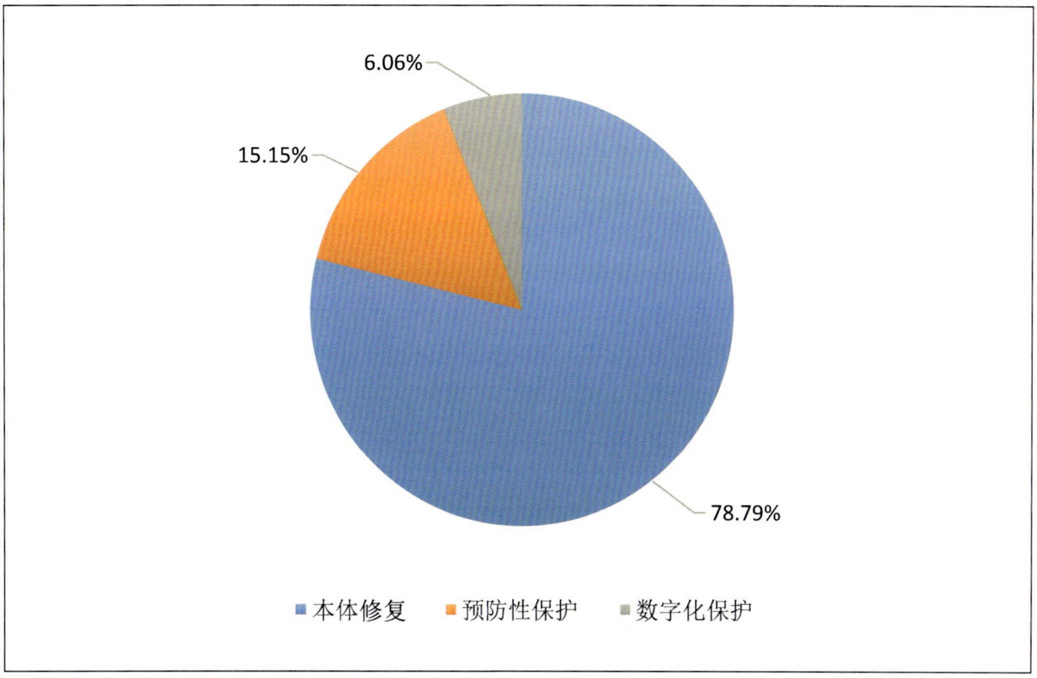

图 5-14　用于研究的各类可移动文物保护修复项目占比情况

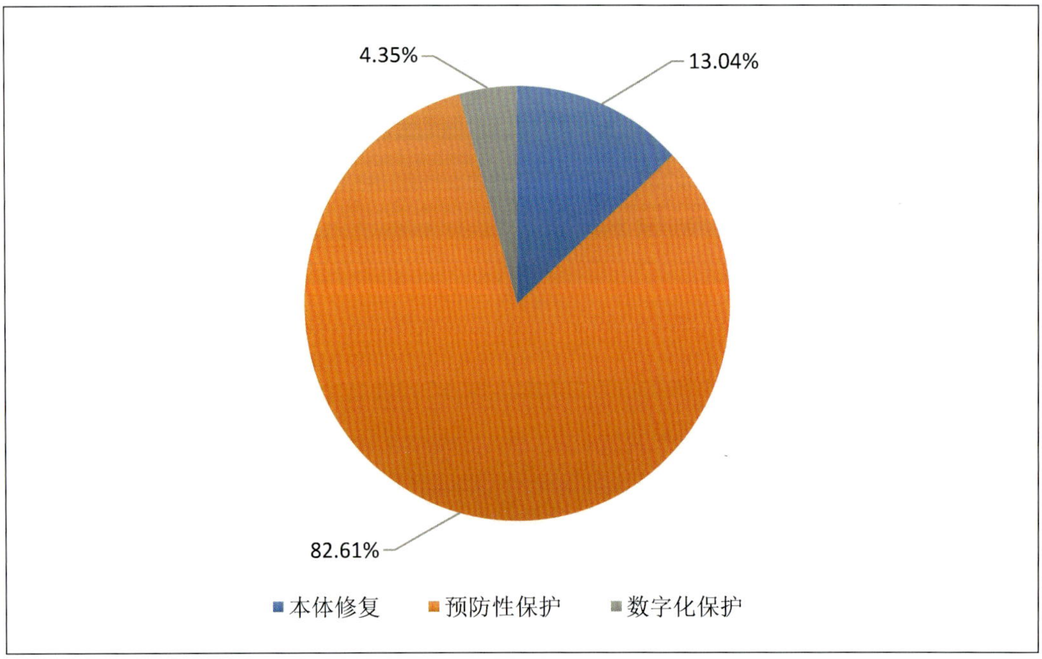

图 5-15　其他利用形式的各类可移动文物保护修复项目占比情况

除加强对文物本体的保护修复，以及非常必要的预防性和数字化保护之外，合理、全面、多元地宣传利用文物也非常重要。文物承载着灿烂文明，传承着历史文化，维系着民族精神，是弘扬中华优秀传统文化的珍贵财富，是促进经济社会发展的优势资源，是培育社会主义核心价值观、凝聚共筑中国梦磅礴力量的深厚滋养。我们文保工作者不仅是文物的守护者，而且是文物的代言人，要使这些珍贵文物背后的故事更好地传承下去，还需探索更加多元化的创新形式。

（二）“十四五”时期文物保护修复项目情况分析

1. 项目需求情况分析

根据统计结果分析，“十四五”时期，文物保护修复项目需求数量共计 343 个，经费合计 89012.01 万元。其中，可移动文物本体修复项目 177 个，预防性保护项目 83 个，数字化保护项目 83 个，共涉及可移动文物 751454 件。

与“十二五”时期末调研的“十三五”时期项目需求情况相比，“十四五”

时期，全省文物保护修复项目需求类型增加，对数字化保护利用的重视程度有所提高，资金需求增加，涉及的文物数量增加（图 5-16、5-17，附表 18）。

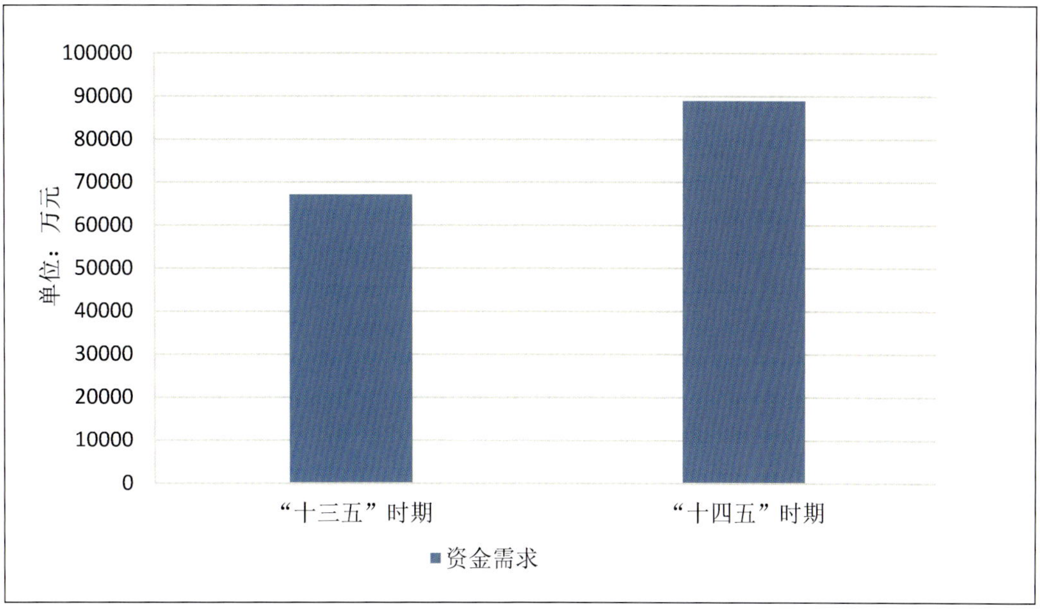

图 5-16 “十三五”与“十四五”时期可移动文物保护修复项目资金需求情况比较

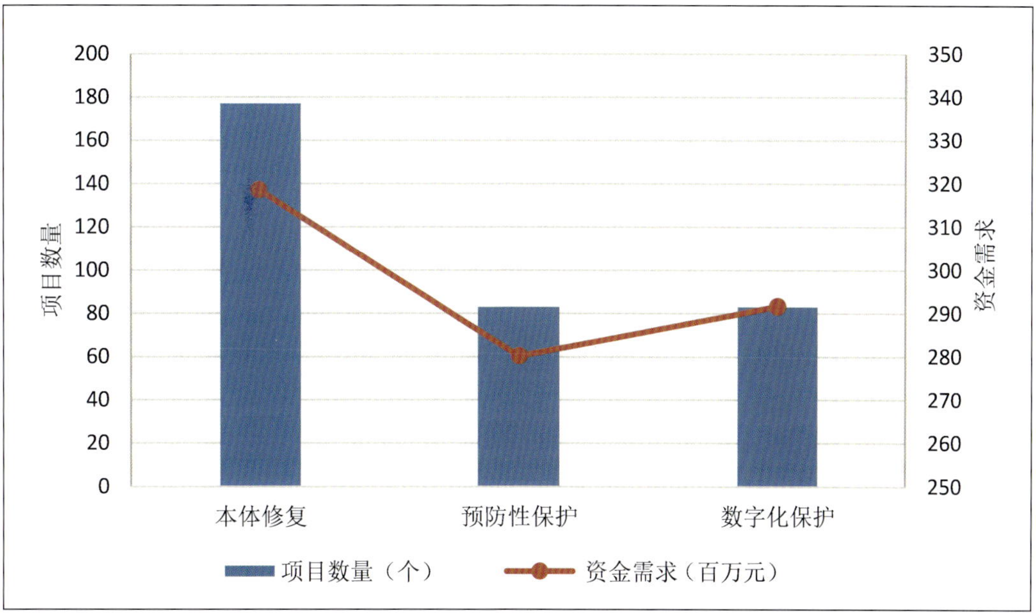

图 5-17 “十四五”时期不同类别可移动文物保护修复项目需求情况

2. 各地市可移动文物保护修复项目数量需求情况分析

根据调研资料显示，“十四五”时期，在可移动文物保护修复项目数量需求方面，有 4 个地市具有 5—10 个项目需求，有 5 个地市具有 11—19 个项目需求，有 4 个地市外加省直单位具有 20—29 个项目需求，有 3 个地市具有 30—40 个项目需求。这一结果与“十二五”时期末的调研结果相比，区域性差异缩小，这与“十三五”期间山东省可移动文物保护工作取得的成绩密切相关（表 5-1、图 5-18）。

表 5-1　2021—2025 年山东省各地市可移动文物保护修复项目数量需求情况表

序号	区域类别	需求项目数量(个)	备注
01	省直	28	
02	济南市	30	
03	青岛市	18	
04	淄博市	27	
05	枣庄市	37	
06	东营市	5	
07	烟台市	18	
08	潍坊市	23	
09	济宁市	29	
10	泰安市	19	
11	威海市	6	
12	日照市	7	
13	滨州市	17	
14	德州市	7	

（续表）

序号	区域类别	需求项目数量(个)	备注
15	聊城市	11	
16	临沂市	28	
17	菏泽市	33	
合计		343	

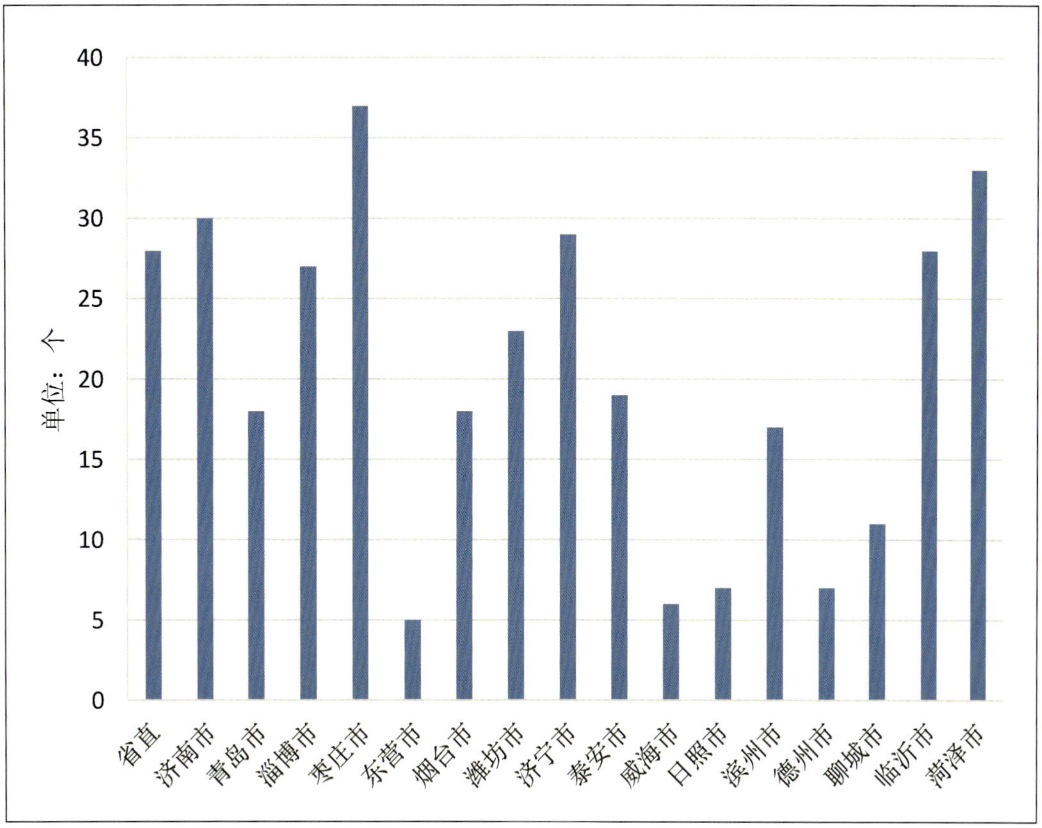

图 5-18 “十四五”时期各地市拟申报可移动文物保护修复项目数量情况

3. 可移动文物本体修复项目需求情况分析

可移动文物本体修复项目中，以济宁、菏泽、枣庄三地市需求项目数量最多，涉及的文物数量以枣庄市、省直、济宁市最多，资金需求量则以枣庄市、省直、济宁市最多。与“十二五”时期末的调研结果相比，此次调研发现项目申报更规范、更科学，项目数量、文物数量与资金需求量基本成正比（图 5-19）。

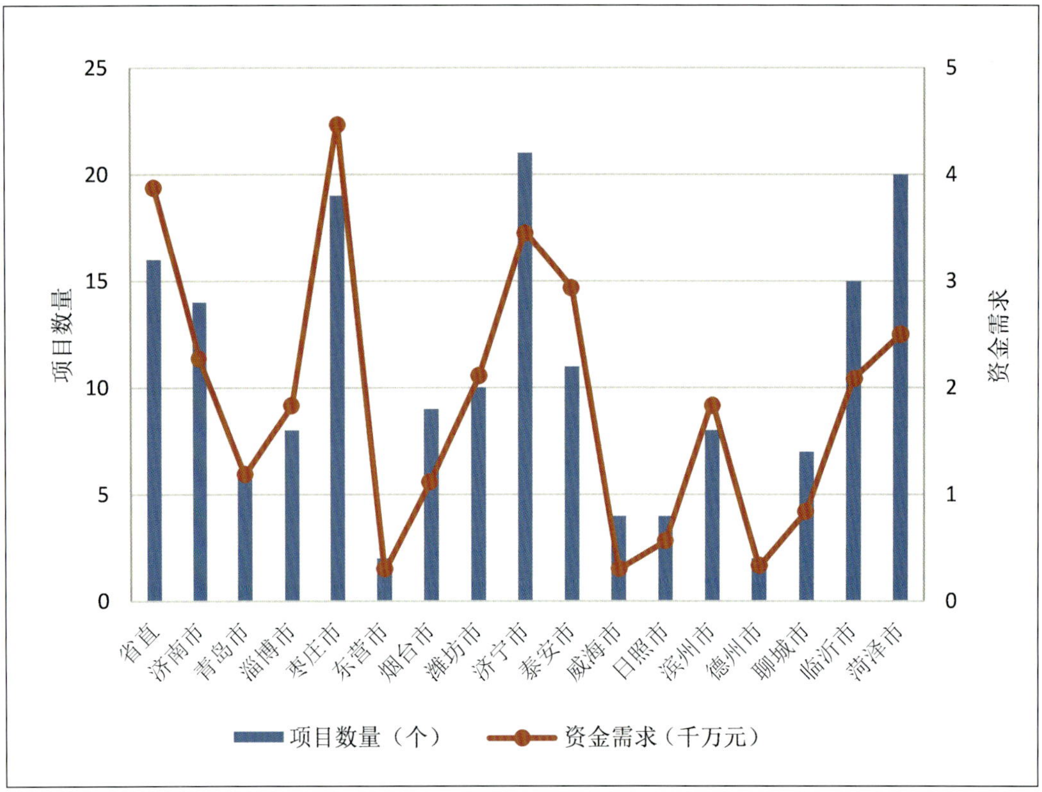

图 5-19　“十四五”时期各地市可移动文物本体修复项目需求情况

可移动文物本体修复项目中，以金属、纸质、陶瓷三个类别的文物本体修复项目申报数量、资金需求量最多，文物申报数量最多的文物类别与“十二五”时期末的调研结果相同。这三类文物仍然是今后文物保护修复的重点对象。但不同的是，本次调研中有关革命文物的修复申报项目数量大幅增加，显示出文物收藏单位对革命文物的重视程度在不断提升（图 5-20）。

可移动文物本体修复项目方案编制意向单位以省内社会力量为主，其余依次是省内文博单位、省外社会力量、省外文博单位（图 5-21）。

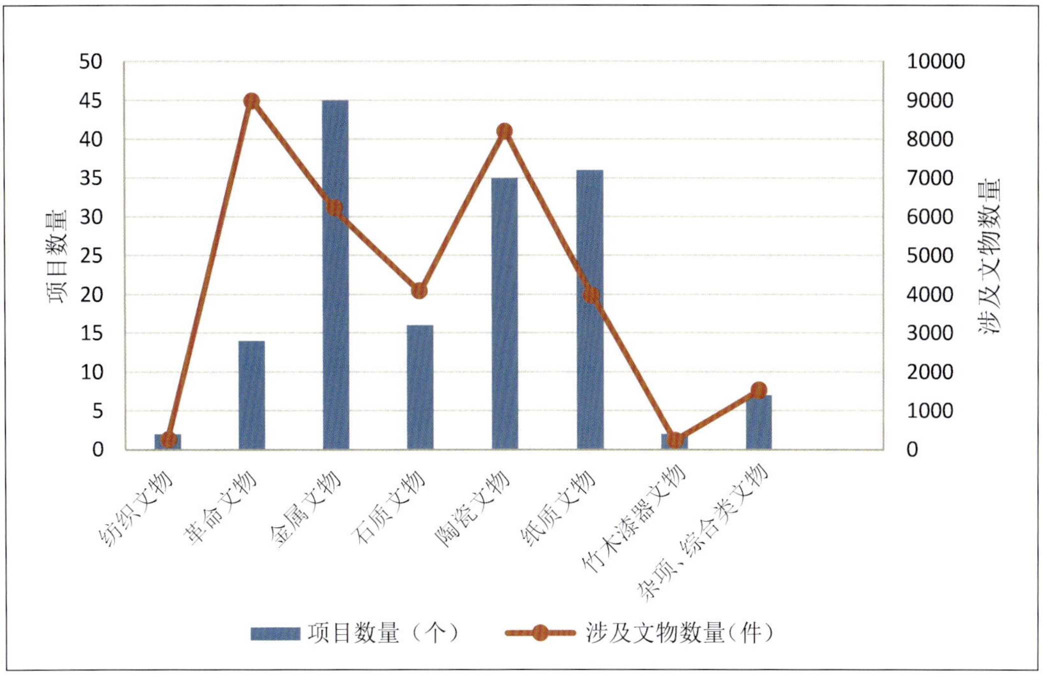

图 5-20 “十四五”时期各类可移动文物本体修复项目需求情况

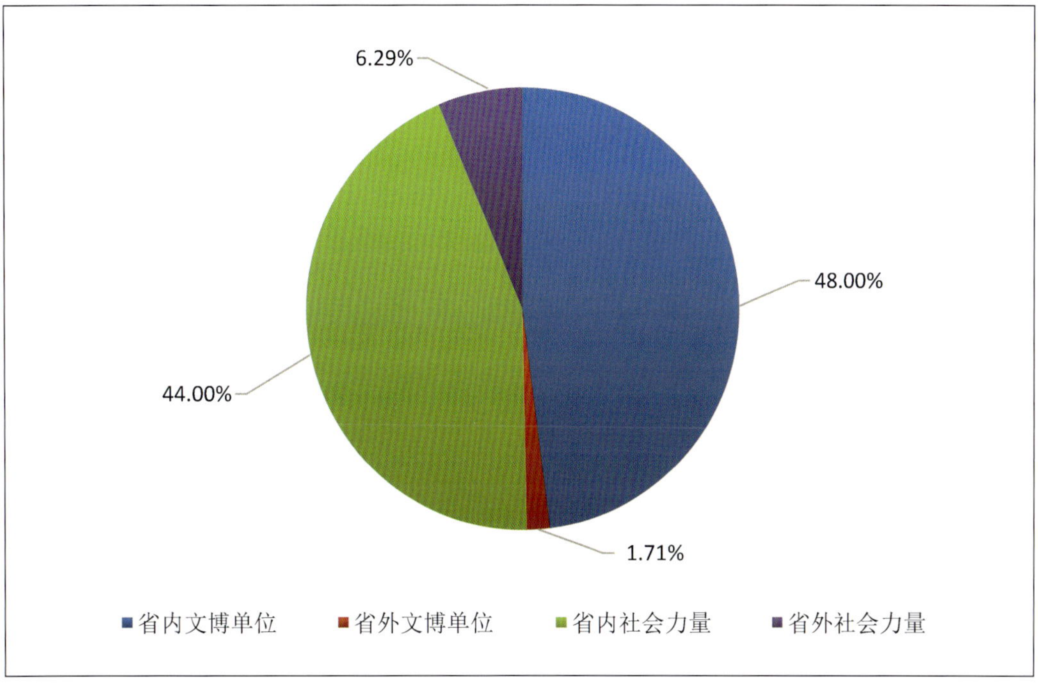

图 5-21 “十四五”时期可移动文物本体修复方案编制意向单位情况

4. 可移动文物预防性保护项目需求情况分析

据调研资料显示，“十四五”时期，全省共需申报可移动文物预防性保护项目 83 项，以枣庄、菏泽、淄博三市申报的预防性保护项目数量最多，以潍坊、淄博、青岛三市申报的资金需求量最大。由于部分统计资料欠缺，仅从申报项目名称来看，部分项目是针对博物馆展厅或者库房进行的预防性保护项目，多数项目从名称中无法辨别预防性保护的范围或内容（图 5-22）。

根据统计，预防性保护项目方案编制意向单位以省内社会力量为主，其余依次是省外社会力量、省内文博单位、省外文博单位（图 5-23）。

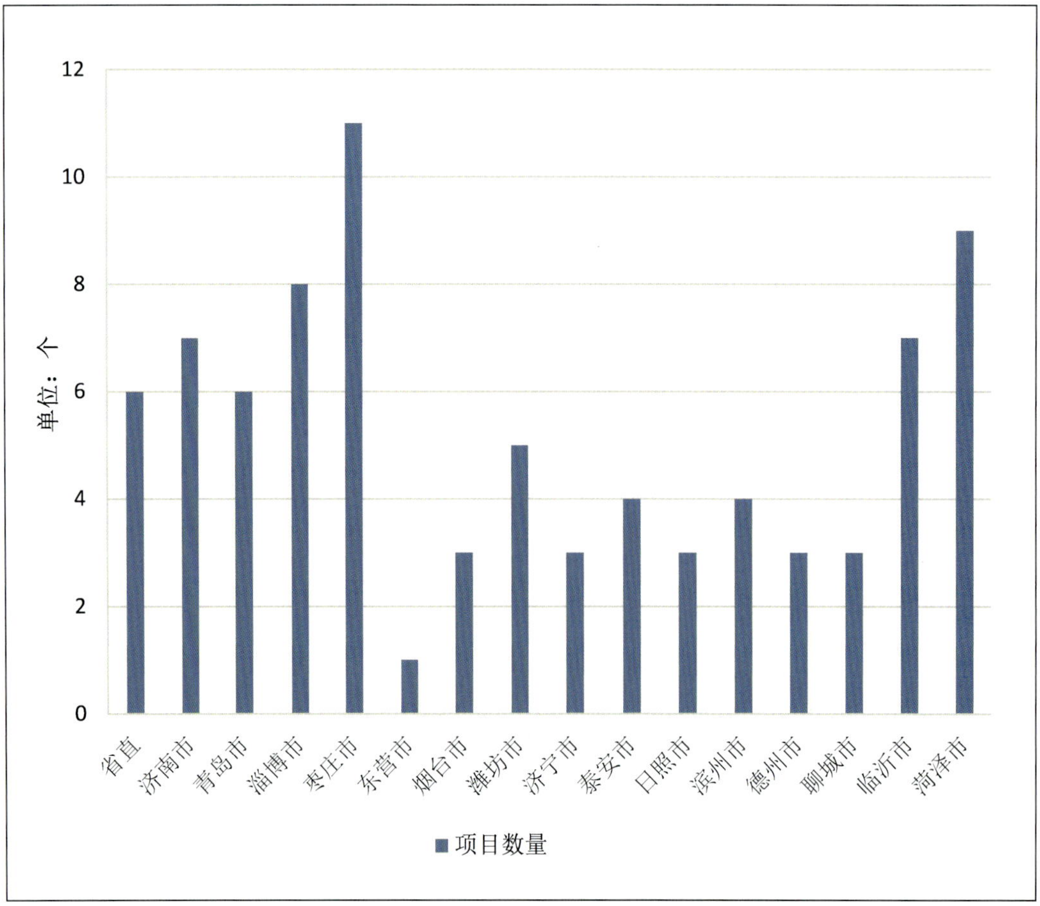

图 5-22　“十四五”时期可移动文物预防性保护项目需求情况

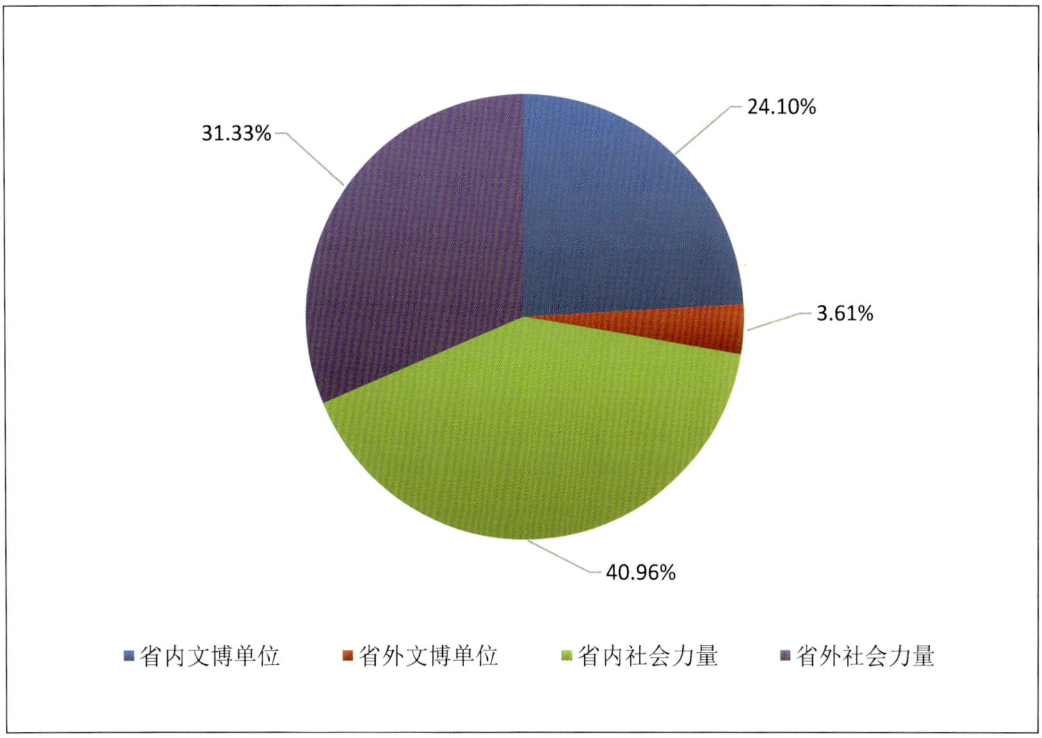

图 5-23 “十四五”时期可移动文物预防性保护方案编制意向单位情况

5. 可移动文物数字化保护项目需求情况分析

据调研资料显示，“十四五”时期，全省共需申报可移动文物数字化保护项目 83 项，以淄博、济南、潍坊三市申报的数字化保护项目数量最多，以省直、淄博市、青岛市申报的资金需求量最大，以潍坊、烟台、菏泽三市涉及文物数量最多（图 5-24）。

根据统计，数字化保护项目方案编制意向单位以省外社会力量为主，其余依次是省内社会力量、省内文博单位、省外文博单位（图 5-25）。

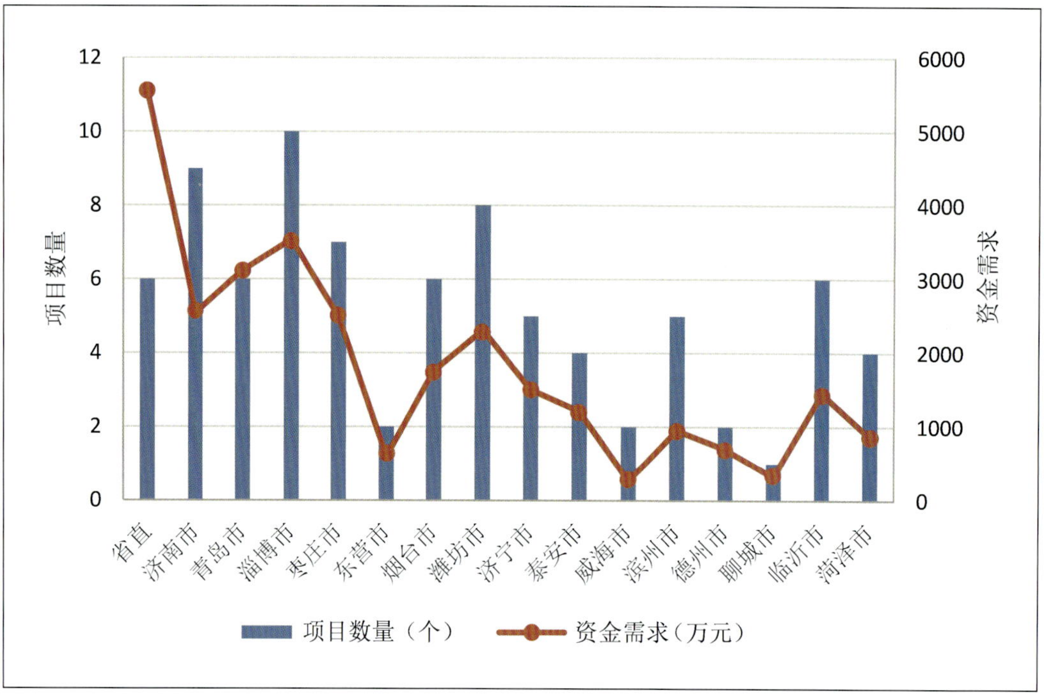

图 5-24　“十四五”时期可移动文物数字化保护项目需求情况

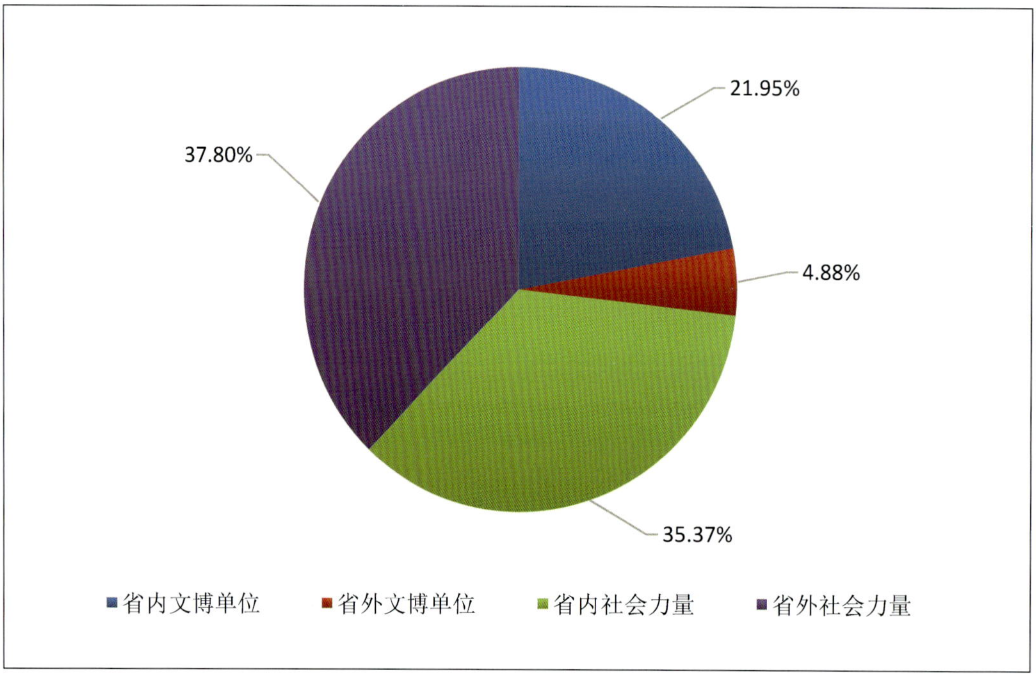

图 5-25　“十四五”时期可移动文物数字化保护方案编制意向单位情况

经调研发现，各地市文博单位在项目申报过程中还存在以下问题：

（1）申报名称不规范

多个地市出现将不同类型文物打包成一项进行申报的现象，如以馆藏文物保护、某地出土文物、考古发掘文物等名义进行申报。也可见将预防性保护项目拆分成多项，以展厅、库房、囊匣、柜架等多种名义进行申报的现象，以及将同一项目拆分成多项后逐年申报的情况。

（2）申报内容不准确

多个地市在申报项目时，出现申请经费、项目难度及文物数量不准确的情况。

（3）委托单位不合规

各地市选取的方案设计单位呈现出多样化的特点，涉及不同性质的单位，但有些单位是不具备设计资质的，需要认真甄别。

通过以上问题可以发现，部分地市级文博单位对项目的申报流程不够了解，对项目难度与完成时间也没有明确概念，需要在今后的工作中加强对可移动文物保护修复项目相关知识的学习与了解。

六、可移动革命文物调查情况分析

（一）可移动革命文物数量情况分析

革命文物主要包括与中国共产党领导中国人民进行革命、建设、改革相关的史迹、实物和纪念设施，与近代以来中国人民争取民族独立和人民解放（含抗日战争）相关的史迹、实物和纪念设施，以及与近代以来著名民主党派和无党派爱国人士相关的史迹、实物和纪念设施，等等。

根据此次调查统计，收藏可移动革命文物的国有单位共 119 家，计有 94091 件 / 套文物。其中，有 31765 件 / 套文物具有详细登录信息。这些信息包括：藏品 ID、博物馆名称、机构编码、藏品一普编码、藏品编号类别、藏品编号，藏品名称、曾用名称，藏品年代、详细年代，藏品分类、藏品质地，套件、实际数量，长、宽、高，重量范围、实际重量，藏品来源、级别、完残程度。另有 62326 件 / 套革命文物登录信息不全。

此次调研统计的馆藏可移动珍贵革命文物共计 3233 件 / 套，包括一级文物 82 件 / 套、二级文物 21 件 / 套、三级文物 3130 件 / 套。

革命文物总量庞大，种类繁多，分类难度系数较高。参照《馆藏文物登录规范（WW/T 0017—2013）》，调研组在文物数据信息登录时对具体单件（套）文物进行了规定。从文物保护角度来看，文物收藏单位一般以质地为基础，纵向排列藏品的大类，以文物等级、年代或时期、物质用途、藏品属性等横向分类排列。从文物类别的角度划分，革命文物可分为有机和无机两大类，其下又分别设有小类。将这两种分类方式结合起来可以发现，有机类珍贵革命文物主要有文件宣传品、档案文书、书籍报刊、书法绘画、音像制品、票据、纸质钱币等纸质文物，还包括织绣、木质家具以及竹质、皮革、棉麻纤维及其他植物质、动物质文物；而无机类珍贵革命文物主要包括金属类的钱币、奖章证章印章、武器装备及少量的金银制品、宝玉石、陶瓷制品、玻璃制品、石制品、泥制品等。此外，珍贵革命文物在分类时还单列了名人遗物、雕塑、文具、邮品、交通运输工具和其他类。

按照文物性质分类，山东省可移动珍贵革命文物主要包括 11 个大类：文件宣传品、图书、钱币、档案文书、武器装备、票版、票据、生活用品、音像制品、服装、其他杂类（图 6-1）。

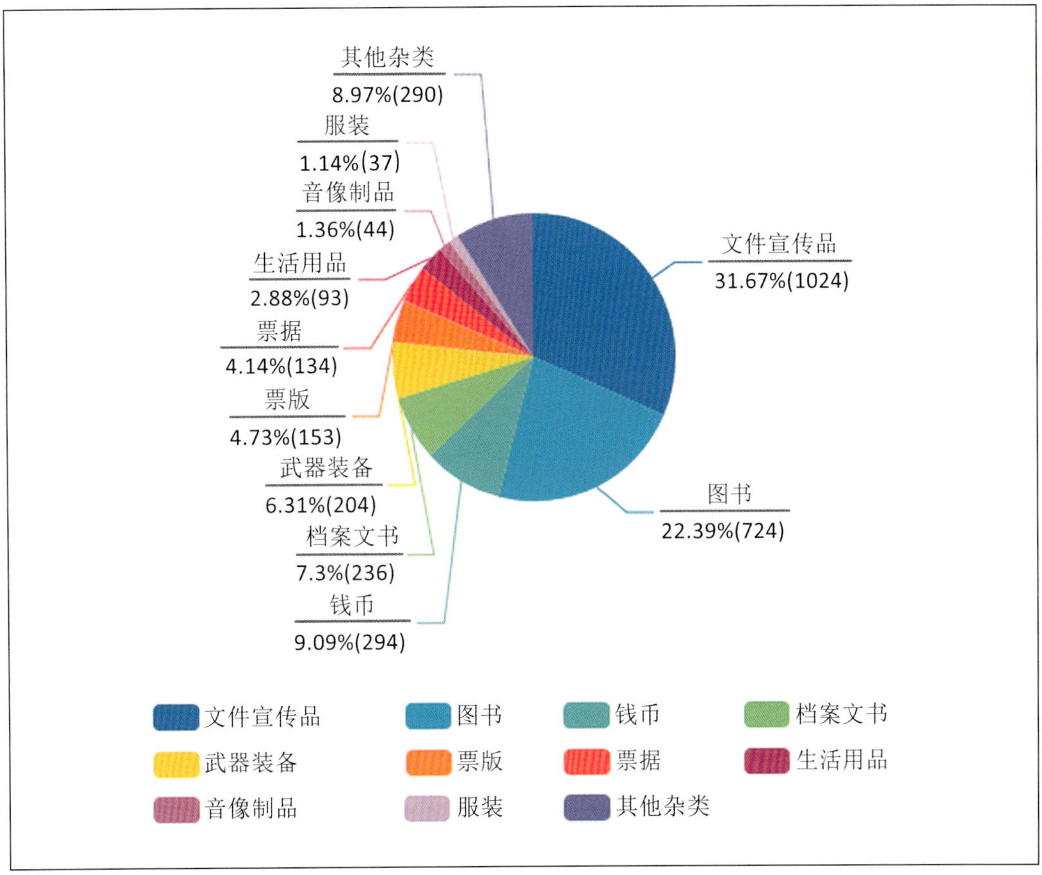

图 6-1　山东省可移动珍贵革命文物分类及数量示意图

（二）可移动革命文物保护修复项目情况分析

“十三五”期间，全省共申报可移动革命文物保护项目 11 个，涉及文物 8957 件，其中一级文物 40 件、二级文物 36 件、三级文物 482 件、一般文物 219 件、未定级文物 8180 件；涉及资金 1305 万元，其中中央补助经费 1025 万元、地方补助经费 280 万元。可移动革命文物保护修复项目中，省直文博单位有 2 个（1 个本体修复项目、1 个数字化保护项目，均已完成），德州市有 1 个（本体修复项目，正在开展），菏泽市有 3 个（1 个本体修复项目、1 个预防性保护项目正在开展，1 个数字化保护项目尚未开展），聊城市有 1 个（本体修复项目，正在开展），威海市有 1 个（数字化保护项目，正在开展），潍坊市有 1 个（本体修复项目，尚未开展），烟台市有 1 个（本体修复项目，已经完成），淄博市有 1 个（本体修复项目，正在开展）。这些项目涉及的可移动革命文物中的绝大部分在经过保护修复后，用于向公众展览，利用率较高。

七、“十三五”期间的主要成绩

在山东省委省政府的支持以及山东省文化和旅游厅的领导下，“十三五”期间，我省可移动文物保护修复工作主要取得以下成绩。

（一）构建可移动文物保护修复“两大基础体系”

1. 可移动文物保护修复管理体系的构建

为整合全省文物保护修复力量、统筹开展文物保护修复工作，以山东省文物保护修复中心为引领，创建了全省可移动文物保护修复管理体系。一方面，在总结经验的基础上，制定《可移动文物保护修复项目申报手册》《可移动文物保护修复项目技术规范》《可移动文物保护修复项目管理办法》等制度规范，统一规划、监督、实施全省可移动文物保护修复项目的方案编制、评审、申报、管理及验收工作，科学有效地把控项目从立项至验收的全过程。另一方面，注重对社会力量的引导。“十三五”期间，社会力量已发展成为我省可移动文物保护修复的重要力量之一。据不完全统计，这些社会力量已承担起全省近 50% 的文物本体修复项目的实施工作。经过几年的发展，这些社会力量已经逐步有序有效地参与到全省文物保护修复工作当中。

2. 可移动文物保护修复网络体系的构建

为均衡全省文物保护修复力量、促进各区域协调发展，全省已初步建立起“以山东省文物保护修复中心为核心，地方重点博物馆为骨干，社会力量为补充的可移动文物保护修复网络体系”，构成我省“一体两翼、多级联动”的文物保护新格局。“一体”是指以山东省文物保护修复中心为核心的综合技术中心，以及曲阜、鲁中、鲁西、鲁东南 4 个区域中心和沂源、定陶、莱州、临沂、诸城、平度、黄岛 7 个工作站共同组成的主体框架。“两翼”是指建立起金属器、漆木器、陶质彩绘文物等国家文物局文物保护重点科研基地山东工作站和山东省可移动文物保护半岛科研基地。经过近几年的发展，这个网络体系建设已取得一定成效。

山东省可移动文物综合技术中心初步建成。以山东省文物保护修复中心为依托的全省可移动文物综合技术中心，按功能可分为文物保护修复室、分析检测室和全省可移动文物保存环境监测平台三部分，可有效整合全省文物保护力量，利用设备和技术优势为可移动文物保护修复提供科技支撑，进一步提升全省可移动文物保护修复项目的实施质量和水平。综合技术中心现已建设完成陶瓷、金属、古籍书画、纺织品等文物类别的保护修复室，配备相应的修复工器具，可以开展相关的无机类和有机类可移动文物保护修复工作。建立的文物分析检测室主要从事文物材料及工艺方面的分析研究，现已采购共聚焦激光拉曼光谱仪、超景深视频显微镜、傅立叶红外光谱仪、台式 X 射线衍射仪等价值近 1500 万元的科研设备，可进行材料形貌分析、成分分析、物相分析、电化学分析、力学性能测试及保存环境检测等诸多检测工作。分析检测室自建成以来，已经对省内外 30 多家文博单位的数千件文物开展万余项分析检测工作，并与山东省可移动文物保护半岛科研基地等多家科研机构展开合作，在文物制造工艺研究、腐蚀机理研究等方面取得了一定成果。初步建立起的全省可移动文物保存环境监测平台，现在已经能够实现对全省部分一级博物馆和地市级重要博物馆馆藏文物保存环境的实时监测、预警及结果聚合统计。后期，依托该平台将形成全省馆藏文物保存环境监测评估长效机制，从而全面提高全省馆藏文物的预防性保护工作水平。

（二）促进可移动文物保护修复实现“四个提升”

1. 可移动文物保护修复项目数量和质量提升

“十二五”时期末，以山东省文物保护修复中心为主要发起单位，开展了全省可移动文物保护现状专题调研，为实施全省可移动文物保护修复工作摸清了家底，找准了方向。根据调研结果，编制了“十三五”时期全省可移动文物保护修复规划，建立了山东可移动文物保护修复项目库。按照轻重缓急的原则，“十三五”期间，全省文博单位共实施可移动文物本体修复、预防性保护、数字化保护项目 246 项，相较于“十二五”期间实施的 98 项可移动文物保护修复项目数量，增加了约 1.5 倍。

“十三五”期间，以山东省文物保护修复中心为引领的文物保护修复机构实施了一批具有示范引领作用的项目。其中，由山东省文物保护修复中心负责实施的“山东沂南河阳社区墓地出土丝织品保护修复项目”，被评为 2021 年全国十佳文物藏品修复项目；由孔子博物馆联合中国丝绸博物馆共同实施的“山东曲阜孔府文物档案馆藏明代服装保护修复项目”，荣获 2021 年全国优秀文物藏品修复项目；由山东省文物保护修复中心负责实施的“山东长清灵岩寺千佛殿罗汉像保护修复项目（一期）”，受邀赴国家文物局进行典型汇报。这说明山东省的可移动文物保护修复工作已取得突破性进展，部分文物本体修复项目成果已经走在全国前列。

“十二五”期间，全省共实施可移动文物保护修复项目 98 项，但项目完成率不足 21%。项目完成率不高的原因主要是部分地市级文物行政部门受人员编制的限制，长期没有专门机构或专人负责相应工作，管理跟不上，执行力度不够。“十三五”期间，全省共实施可移动文物保护修复项目 246 项。这些项目通过文物持有单位独立执行、与国内或省内文博单位合作、社会力量参与等方式，完成率达到了 54.47%，开工率达到了 86.18%。由此可见，“十三五”

期间，可移动文物保护修复工作效率得到了有效提高。本体修复项目使不同种类的文物得到有效修复。预防性保护项目购置的批量柜架、囊匣等，大大提升了文物库房的基础设施建设水平，有效的环境监测和调控也使得文物保存环境基本达标。数字化保护项目采集了大量的珍贵文物信息，使珍贵文物的展示利用效率明显提升。全省可移动文物保护实现了由抢救性保护向预防性和数字化保护并重的转变。

2. 可移动文物保护修复能力提升

“十三五”期间，在山东省文化和旅游厅的全力支持以及山东省文物保护修复中心的统筹指导下，可移动文物保护修复能力显著加强。“十二五”时期末，全省具备可移动文物修复资质的单位仅有 8 家，至“十三五”时期末，全省具备可移动文物修复资质的单位已增至 23 家，数量增加了近 2 倍，这说明在“十三五”时期，符合《可移动文物修复管理办法》要求的资质单位在快速发展，它们在场地、设备、人员等方面都取得了长足发展，从而带动了全省可移动文物保护修复能力的明显提升。

2015 年 2 月，为加强可移动文物保护机构保障和技术支持，山东省委省政府决定成立山东省文物保护修复中心。山东省文物保护修复中心为山东省文化和旅游厅直属处级公益一类事业单位，其主要职能是承担可移动文物的调查、保护修复等有关工作，承担全省可移动文物保护修复（含预防性保护和数字化保护）项目验收的具体工作，承担文物修复领域的研究、技术推广、学术交流工作，培养文物保护修复人才。“十三五”期间，山东省文物保护修复中心独立编制可移动文物保护方案近 60 项，实施项目近 30 个，结项率达到 80%，涉及青铜器、铁器、陶瓷器、书画、纺织品、漆木器和石质文物等诸多不同类别文物，涉及文物 3600 余件，已成为山东省可移动文物综合技术中心。山东省可移动文物保护半岛科研基地依托山东大学的人才和科研优势，通过与山东省文物保护修复中心合作实施长清灵岩寺千佛殿罗汉像保护修复项目、与湖北省文物考古研究院合作开展湖北苏家垄墓葬实验室科技考古科研项目，在科学研究、资源共享、项目实施诸多领域开展交流合作。山东省可移动文物保护修复鲁中区域中心依托潍坊市博物馆，建立起近2000㎡的实验室和修复展区，以青铜器、书画、瓷器、紫砂器保护为重点，实施了馆藏金属、书画、馆碑廊等7个保护修复项目，提升了鲁中地区的文物保护修复能力、人才培养能力、科研能力和成果转化水平。山东省可移动文物保护修复曲阜区域中心以石刻文物保护为重点，实施了博兴丈八佛及馆藏石刻、青州石刻、灵岩寺石刻等保护修复项目，在全省开展石窟寺保护调查。山东省可移动文物保护修复沂源工作站对基础设施进行改造提升，现已具备14种类别的文物修复资质，先后开展了7个本体修复项目和1个预防性保护项目，培养保护修复技术人才20余人。青州市博物馆联合浙江大学，实施了龙兴寺佛像精品陈列数字化保护、青州市博物馆历史陈列数字化保护、青州市博物馆数字化保护与利用项目，摸索出一套高效的全息数据记录模式，为推进全省文物数字化保护工作进行了有益探索。

3. 可移动文物保护修复人才培养能力提升

“十三五”期间，山东省文物局聘请李化元等10位全国文物科技保护权威专家为“山东省文物保护修复咨询专家”，分两批聘任全省173位修复人员为“山东省文物修复师”。这在山东乃至全国都是首次，足以彰显山东对文物保护修复人才的重视。

此外，为加强高素质专业技术人才队伍建设，助推文物事业发展，促进我省保护修复人才的培养和提升，山东省文物保护修复中心有计划地实施了“人才培养提升计划”。2018年，由山东省文物保护修复中心承办的全省“2018年文物保护与合理利用高级研修班”，入选“山东省专业技术人才知识更新工程2018年高级研修项目计划”。全省文博单位近50人参加了此次集中培训。通过专家学者的讲授，参会人员从理论层面加深了对文物保护工作的认识。

2019 年，山东省文物保护修复中心推出“山东文物保护技术讲堂”，邀请山东大学文化遗产研究院马清林教授为全省文物修复师进行专题授课。下一步，山东省文物保护修复中心将把“山东文物保护技术讲堂”打造成山东特色业务品牌，持续做好人才培养和技术支持工作。

“十三五”期间，全省文博单位依托项目实施和网络体系建设，通过业务培训、高校深造、师带徒、项目实习、交流合作等形式，培养锻炼了一支涵盖文物保护技术、文物修复、考古、物理、美术、材料学等多学科多领域的文物保护修复人才队伍。截至 2021 年底，全省可移动文物保护修复从业人员由“十二五”时期末的 192 人增加至 301 人，在保证人员队伍基本稳定的同时，队伍人员数量有了明显增加。

4. 可移动文物保护交流合作与科研能力提升

“十三五”期间，为贯彻落实习近平新时代中国特色社会主义思想及习近平总书记关于文物保护工作的重要论述和重要指示批示精神，推进文物保护利用和文化遗产保护传承，加强全省文物保护修复人才队伍建设，为文物工作者提供学术交流平台，山东省文物保护修复中心作为主要发起单位，于 2018 年成立了山东省博物馆学会文物保护技术专业委员会，又于 2021 年成立了山东省文物保护技术协会。这些行业平台将团结引领全省从事文物保护及相关工作的单位和个人，为全省文物保护工作提供技术支撑。

2019 年 9 月，由中国文物保护技术协会、山东省博物馆学会文物保护技术专业委员会联合主办，山东省文物保护修复中心、潍坊市博物馆协办的“馆藏文物保护修复项目工作经验交流会”在潍坊召开。这是山东首次承办全国性的可移动文物保护高端研讨会。会议期间，山东省文物保护修复中心、淄博市博物馆等省内文博单位进行主旨发言，将山东近几年关于馆藏文物保护修复项目的工作经验进行了推广交流，获得了良好的评价。

“十三五”期间，为加强文博单位与高校、科研院所的合作，提升科研水平，山东省文物局与山东工艺美术学院合作成立“山东省文物保护修复教育科研基地”；山东省文物保护修复中心与莱芜职业技术学院签订《文物修复与保护专业教学资源库参与建设单位承诺书》，参与文物修复与保护专业教学资源库建设；山东省文物保护修复中心与曲阜师范大学、山东艺术学院、莱芜职业技术学院、南京非物质文化遗产学院达成战略合作，成立“教学实习基地”，在文物保护修复技术、新材料新工艺、人才培养、文物科研等方面开展合作研究。

随着全省可移动文物保护修复水平的提高，科研成果也不断涌现。“十三五”期间，全省文物行业领域出版了《煌煌锦绣：沂南河阳墓地出土丝织品保护修复与研究》《曲阜片区石刻文物病害调查及保护修复技术研究》《曲阜片区石刻文物信息采集技术研究》《古铜今识：青岛市黄岛区博物馆藏青铜文物保护修复与研究》《山东可移动文物保护修复与研究》《寿柏巧椋——沂南河阳清代棺木保护修复与研究》《沉船遗珍——菏泽元代古船出土文物保护修复与研究》等可移动文物保护系列书籍，表明全省可移动文物科研能力已有明显提升。

八、现状与建议

（一）现状

“十二五”期间，在山东省文物局的正确领导下，全省可移动文物保护工作在机构设置、课题研究、修复项目等方面取得了一定成绩，但是尚存在一些不足，如文物保存环境不佳、现状不清，保护修复人才不足，场地设备和科研水平滞后，项目缺乏科学规划、实施进度缓慢，等等。

“十三五”期间，在山东省文化和旅游厅的正确领导下，全省立足国家标准、山东优势，锐意进取，不断创新，使得全省可移动文物保护修复工作有了整体提高，网络体系建设成效显著。与此同时，我们必须清醒地认识到现状和面临的困难挑战。

1. 可移动文物保护修复工作基础较弱

（1）人才、资金严重不足

“十三五”期间，虽然我省可移动文物保护修复人员数量有明显增长，但是与待修文物的庞大数量相比，仍显匮乏，并且缺少项目执行经验丰富、能够娴熟运用现代科技开展高水平科研工作的高端复合型人才。同时，经费投入长效机制尚未形成，总量不足、结构失调和使用偏差等问题长期存在。目前省级、地市级财政较少支持可移动文物保护修复项目，我省可移动文物保护修复项目多依赖于国家拨付经费。但国家经费多用于级别较高或价值较突出的珍贵文物保护修复项目，较少用于三级以下文物保护修复项目，导致部分针对级别较低或价值不够突出的文物保护修复项目经费严重不足。

（2）场地、设备严重不足

虽然在可移动文物保护修复网络体系的建设过程中，有效改善了部分地区文物保护修复场地及设备不足的问题，但从全省来看，仍然存在文物保护修复场地过少、场地分布不均衡或不合理的现象，以及设备经费投入过少、检测分析设备严重短缺等问题，难以有效保障可移动文物保护修复项目的顺利实施。

2. 可移动文物保护修复任务繁重

（1）文物本体修复任务异常繁重

虽然“十三五”期间实施了一批文物保护修复项目，挽救了一批濒危文物，但是依旧有较多文物存在严重病害，还有相当一部分濒临毁损的文物亟须进行保护修复，全省考古发掘出土文物也以每年数万件的数量增长。另外，部分单位存在有级别文物数量少、无法单独申报保护修复项目的问题。大部分无级别文物由于未得到经费资助，更是处于逐渐损毁的状态而无法得到有效保护修复。

（2）文物预防性保护措施亟待加强

当前，仅部分有条件、有能力的博物馆对馆藏可移动文物实施了预防性保护，仍有部分文物收藏单位藏品保存环境简陋，缺少必要的保存环境控制技术和设备。同时，大部分文博单位的预防性保护措施精细化程度不足，仅使用了普通的囊匣、柜架，对脆弱、濒危文物还没有实施个性化的预防性保护措施。

（3）文物数字化保护亟须规范

文博单位的文物数字化保护大部分是由社会力量独立完成的。这些社会力量在进行文物数字化时采用的标准大都不同，导致数字化保护成果互相无法兼容，有些数字化数据甚至存在无法正常使用的情况。同时，有些单位对文物数字化数据的存储和保密重视程度不够，存在信息泄露的风险。

3. 可移动文物保护修复体制机制不健全

（1）缺乏省级地方可移动文物保护行业标准

北京、山西、陕西、河南、河北、湖南等地区已经制定并发布具有地方特色的可移动文物保护地方标准。山西、安徽等省份已成立了省级文物保护标准化技术委员会，有效促进了文物保护行业地方标准的制定和出台。而山东同样作为文物大省，对标这些先进省份还有一定差距，截至目前，山东省级文物保护标准化技术委员会尚未成立。

（2）可移动文物预防性保护方案的编制单位、项目的实施单位存在超资质范围开展业务的情况

部分单位在不具备文物微环境控制技术资质的情况下，编制了方案，实施了项目，对方案和项目评审造成了不便。目前，省内对可移动文物数字化保护方案的编制单位和项目实施单位还没有明确的资质要求，部分方案和项目在设计和实施过程中所执行的技术标准不一，从而导致后期的数字化保护项目成果评价标准不一，为评价效果的认定带来了不便。

（3）可移动文物技术标准的贯彻尚需加强

部分单位不按照上级批复的操作规程实施可移动文物保护修复，存在重大技术路线调整未经专家论证、保护修复档案编制格式不一等普遍问题。

4. 可移动文物保护修复网络体系建设尚需完善

（1）网络体系建设发展不均衡

虽然全省可移动文物保护修复能力较以往有了明显提升，但有个别文博单位、区域工作站没有把握好机遇，没有利用好政策和制度优势，存在对网络体系建设落实不到位、开展项目不积极，以及对设备和人才缺乏统筹管理等问题，致使文物保护修复工作成效甚微，影响了全省文物保护修复能力的整体提升。

（2）社会力量管理有待加强

近年来，有较多社会力量申请到可移动文物修复资质，但在保护修复方案编制、项目实施、档案管理等方面，这些社会力量的水平参差不齐。今后应进一步加强项目管理、资质管理工作，通过对这些社会力量的正面引导，共同做好可移动文物保护修复工作。

（二）建议

“十四五”时期，面对文物保护工作的新形势、新发展、新问题，全省文物行业应严格按照“建设中国特色、中国风格、中国气派”的文物保护体系要求，科学规划、合理布局，推动山东文物保护事业改革发展新局面的形成。

1. 规范管理，优化全省可移动文物保护修复网络体系布局

现有的全省可移动文物保护修复网络布局有待进一步完善提升，其内部结构的科学化亦有待提升。目前已有的区域中心、工作站需要利用场地、设备、人员等优势发挥自身作用，持续带动周边地区博物馆等文博单位做好文物保护工作。“十四五”期间，应加强对网络体系的管理，制定考核机制，按照优胜劣汰的原则，对于考核优秀的单位，在项目、资金、设备等方面予以适当倾斜；对于考核不合格者，提出整改意见并督促其进行整改。“十四五”时期末，争取全省可移动文物保护区域中心和工作站从数量和质量上都有明显提升，全省可移动文物保护修复网络体系更加紧密、科学、有效。同时，要加大对社会力量的统筹管理，从项目申报、实施、验收和资质业务管理等方面对具有修复资质的社会力量进行统一监管，提高社会力量参与文物保护的积极性和能力。

2. 加强基础建设，不断健全体制机制

（1）成立山东省文物保护标准化技术委员会

成立山东省文物保护标准化技术委员会，并根据文物行业的国家标准和

行业标准要求，结合山东的文物特点，制定具有地方特色的可移动文物保护地方标准。从管理和技术两个层面对全省可移动文物保护修复工作进行更加细致的规范，从而促进全省文物保护工作更加精准化、精细化。

（2）健全制度规范

在项目进度、资金使用、修复技术、工作流程、档案管理等方面制定适合山东地区实际的项目管理体制机制，进一步规范文物本体修复、预防性保护、数字化保护工作。严格管理可移动文物修复资质，建立定期审核制度，形成资质动态管理机制。坚决杜绝相关资质单位超资质范围开展业务，对于长期不开展相关业务的资质单位，及时对其资质业务进行清退。

3. 实施“四个工程”，打造精品项目

（1）实施建设可移动文物保护修复项目库工程

建立 2021—2025 年全省可移动文物保护修复项目库，遵循先急后缓的原则，有计划、有重点地组织实施一批有代表性的文物保护修复项目，抢救性保护一批濒危文物；着重加强对可移动革命文物的保护力度，实施一批馆藏革命文物保护修复项目；着重加强对山东黄河流域馆藏文物保护项目的规划，实施一批具有代表黄河文化特性的文物保护修复项目。其中，一级文物和石刻、壁画、纺织品、竹木漆器等类别文物因实施难度大、技术要求高，建议由山东省文物保护修复中心直接负责，预防性保护项目、数字化保护项目原则上由专业团队负责，以确保项目实施质量。

（2）实施全省博物馆预防性保护全覆盖工程

加大对区县级博物馆预防性保护工作的投入力度，为馆藏文物提供良好的保存环境，如充分运用科学研究成果和环境监测数据，改善博物馆文物的保存环境，推动多元化、低成本、高效能的文物保存设施体系建设。同时，以保存环境对文物破坏机理研究为基础，建成并运用全省文博系统文物保存环境监测平台及健康评测体系，提升全省可移动文物预防性保护水平。

（3）实施全省珍贵文物数字化保护工程

加快推进博物馆文物数字化，完善文物数据库，加大基础信息开放力度。从第一次全国可移动文物普查成果中，选择我省尚未开展数字化保护尤其是保存在区县级文物收藏单位的珍贵文物，有计划、有步骤地开展数字化保护工作。建立文物数字化规范体系，健全数据管理和开放共享机制，加大文物数据保护力度。

（4）实施全省濒危文物集中抢救性保护工程

实施馆藏珍贵濒危文物、材质脆弱文物保护修复计划，寓科学研究于保护修复全过程，提高馆藏文物保护修复水平。针对部分区县级文博单位因收藏某类质地文物少、难以独立申报而导致濒危文物得不到有效保护的情况，建议由山东省文物保护修复中心牵头，以地市为单位，按文物质地组织申报可移动文物保护修复项目，并依托全省可移动文物保护修复网络体系开展保护修复工作。

4. 多措并举，加强人才队伍建设

坚持文物保护只能加强、不能削弱的原则，综合施策，推动构建与文物资源规模、文物保护利用需求相匹配的管理机构和专业队伍，不断健全文物保护人才培养体系，创新人才机制，让文物保护事业后继有人、人才辈出。

（1）构建多层次文物保护人才培养体系

培育一批以领军人才和中青年骨干创新人才为重点的高层次文物保护人才，加强对科技创新、文物保护、文物修复等领域的人才培养，形成战略型、复合型、管理型人才队伍梯队。加快建设一支门类齐全、技艺精湛的文物技能人才队伍，稳步造就一支科技研发能力和技术应用能力过硬的文物科技人才队伍，锤炼一支熟悉文物领域、素质优良的文物管理人才队伍，加强全省可移动文物保护人才培养。

（2）实施人才统筹服务计划

利用山东省文物保护技术协会这个平台，整合全省文物保护力量，集中应对大型、重点项目，并通过项目实施积累实战经验，提高队伍素质。着力打造“山东文物保护技术讲堂”特色品牌，做好人才培养长效机制，通过专家授课加强专业理论学习。

（3）激发文物保护人才创新活力

关心爱护文物保护工作者，完善人才激励机制，支持鼓励更多优秀专业人才和青年人才从事文物保护工作。建立健全管理规范、评价科学、激励有效的文物保护人才体系。实行更加积极开放的人才政策，多渠道引进高层次人才，创新文物技能型人才聘用方式。推动文博单位建立体现创新要素价值的收益分配机制，并按照国家有关规定，对做出杰出贡献的文物保护工作者予以表彰及奖励。

5. 加强交流合作，促进科研能力的提升

加强全省可移动文物保护修复网络体系内部各单位之间的合作，通过项目实施实现优势互补，形成合力，助推科研进步。加强与省内外高校和文博单位在可移动文物修复研究、材料工艺研究、人才培养、项目实施等方面的合作，实现协同进步。加强与国家文物局重点科研基地的合作，积极参与课题研究，提升独立申报省部级、国家级课题的能力。引导文博单位深度参与职业教育，鼓励校企共建实习实训基地，支持文物保护领域名师、工匠进校园参与教育教学活动。

附　表

附表 1　参与调研单位清单

附表 1-1　国有文物收藏单位清单

序号	区域类别	单位名称	归属性质[①]	隶属关系	等级	备注
1	省直	山东省文物保护修复中心	文物	省属		
2		山东博物馆	文物	省属	一级	
3		山东省文物考古研究院	文物	省属		
4		孔子博物馆	文物	省属	一级	
5	济南市	济南市博物馆	文物	地市属	一级	
6		济南市莱芜区博物馆	文物	地市属	三级	
7		济南市历城区博物馆	文物	区县属	二级	
8		济南市长清区博物馆	文物	区县属	三级	
9		济南市章丘区博物馆	文物	区县属	一级	
10		城子崖遗址博物馆	文物	区县属	三级	

① 归属性质指归文物系统管理。

（续表）

序号	区域类别	单位名称	归属性质	隶属关系	等级	备注
11		济南市济阳区博物馆	文物	区县属	二级	
12		济南市平阴县博物馆	文物	区县属	无级别	
13		济南市商河县博物馆	文物	区县属	三级	
14		济南市高新区辛弃疾纪念馆	文物	区县属	无级别	
15		莱芜战役指挥所旧址纪念馆	文物	区县属	无级别	
16		济南市考古研究院	文物	地市属	无级别	
17	青岛市	青岛市博物馆	文物	地市属	一级	
18		青岛德国总督楼旧址博物馆	文物	地市属	二级	
19		青岛市民俗博物馆	文物	地市属	二级	
20		康有为故居纪念馆	文物	地市属	无级别	
21		骆驼祥子博物馆	文物	区县属	无级别	

（续表）

序号	区域类别	单位名称	归属性质	隶属关系	等级	备注
22		青岛西海岸新区民俗博物馆	文物	区县属	无级别	
23		青岛市黄岛区博物馆	文物	区县属	三级	
24		青岛市即墨区博物馆	文物	区县属	三级	
25		胶州市博物馆	文物	区县属	二级	
26		高凤翰纪念馆	文物	区县属	无级别	
27		平度市博物馆	文物	区县属	无级别	
28		莱西市博物馆	文物	区县属	三级	
29	淄博市	淄博市博物馆	文物	地市属	二级	
30		蒲松龄纪念馆	文物	地市属	二级	
31		淄博市陶瓷琉璃博物馆	文物	地市属	一级	
32		桓台博物馆	文物	区县属	无级别	
33		王士禛纪念馆	文物	区县属	无级别	
34		淄川区文物事业服务中心（淄川博物馆）	文物	区县属	三级	

（续表）

序号	区域类别	单位名称	归属性质	隶属关系	等级	备注
35		齐文化博物院	文物	区县属	一级	
36		临淄中国古车博物馆	文物	区县属	无级别	
37		沂源博物馆	文物	区县属	三级	
38		博山陶瓷琉璃艺术博物馆	文物	区县属	无级别	
39		赵执信纪念馆	文物	区县属	无级别	
40		高青县博物馆	文物	区县属	三级	
41		周村区文物管护服务中心	文物	区县属	无级别	
42	枣庄市	枣庄市博物馆	文物	地市属	二级	
43	枣庄市	枣庄市峄城区博物馆	文物	区县属	无级别	
44	枣庄市	铁道游击队纪念园（鲁南民俗博物馆）	文物	区县属	无级别	
45	枣庄市	贺敬之文学馆	文物	区县属	无级别	
46	枣庄市	台儿庄大战纪念馆	文物	区县属	二级	
47	枣庄市	滕州市博物馆	文物	区县属	一级	
48	枣庄市	滕州市汉画像石馆	文物	区县属	一级	

（续表）

序号	区域类别	单位名称	归属性质	隶属关系	等级	备注
49		王学仲艺术馆	文物	区县属	二级	
50		铁道游击队纪念馆 （枣庄市铁道游击队党性教育基地管理中心）	文物	区县属	无级别	
51	东营市	东营市历史博物馆	文物	地市属	二级	
52		东营市垦利区博物馆	文物	区县属	二级	
53		利津县博物馆	文物	区县属	无级别	
54	烟台市	烟台市博物馆	文物	地市属	一级	
55		王懿荣纪念馆	文物	区县属	二级	
56		登州博物馆	文物	区县属	三级	
57		蓬莱古船博物馆	文物	区县属	无级别	
58		戚继光纪念馆	文物	区县属	无级别	
59		莱州市博物馆	文物	区县属	无级别	
60		烟台市牟平区博物馆	文物	区县属	无级别	
61		海阳市博物馆	文物	区县属	三级	
62		许世友将军在胶东纪念馆	文物	区县属	三级	

（续表）

序号	区域类别	单位名称	归属性质	隶属关系	等级	备注
63		地雷战纪念馆（海阳市地雷战党性教育中心）	文物	区县属	无级别	
64		招远市博物馆	文物	区县属	无级别	
65		莱阳市博物馆	文物	区县属	无级别	
66		龙口市博物馆	文物	区县属	三级	
67		长岛县博物馆（长岛综合试验区博物馆）	文物	区县属	无级别	
68		长岛航海博物馆	文物	区县属	无级别	
69		北庄史前遗址博物馆	文物	区县属	无级别	
70	潍坊市	潍坊市博物馆	文物	地市属	一级	
71		潍坊十笏园博物馆	文物	地市属	无级别	
72		昌邑市博物馆	文物	区县属	二级	
73		寿光市博物馆	文物	区县属	二级	
74		安丘市博物馆	文物	区县属	无级别	

（续表）

序号	区域类别	单位名称	归属性质	隶属关系	等级	备注
75		青州市博物馆	文物	区县属	一级	
76		陈介祺故居陈列馆	文物	区县属	无级别	
77		郭味蕖故居陈列馆	文物	区县属	无级别	
78		临朐县博物馆	文物	区县属	二级	
79		潍坊世界风筝博物馆	文物	地市属	无级别	
80		诸城市博物馆	文物	区县属	二级	
81		高密市博物馆	文物	区县属	二级	
82		昌乐县博物馆	文物	区县属	无级别	
83		寒亭区文化遗产保护中心	文物	区县属	无级别	
84		奎文区文化和旅游局	文物	区县属	无级别	
85	济宁市	济宁市博物馆	文物	地市属	一级	
86		济宁市李白纪念馆	文物	地市属	无级别	
87		济宁市兖州区博物馆	文物	区县属	三级	
88		汉魏碑刻陈列馆	文物	区县属	无级别	

（续表）

序号	区域类别	单位名称	归属性质	隶属关系	等级	备注
89		曲阜清代床榻博物馆	文物	区县属	无级别	
90		曲阜清代服饰博物馆	文物	区县属	无级别	
91		邹城博物馆	文物	区县属	三级	
92		金乡县文化和旅游局	文物	区县属	三级	
93		鱼台县博物馆	文物	区县属	三级	
94		武氏墓群石刻博物馆	文物	区县属	三级	
95		济宁市汉任城王墓管理所	文物	区县属	无级别	
96		济宁市任城区文物所	文物	区县属	无级别	
97		微山县文物保护服务中心	文物	区县属	无级别	
98		汶上县中都博物馆	文物	区县属	三级	
99		梁山县博物馆	文物	区县属	三级	
100	泰安市	泰安市博物馆	文物	地市属	二级	
101		冯玉祥泰山纪念馆	文物	地市属	无级别	
102		新泰市博物馆	文物	区县属	三级	

（续表）

序号	区域类别	单位名称	归属性质	隶属关系	等级	备注
103		宁阳县博物馆	文物	区县属	无级别	
104		东平县博物馆	文物	区县属	三级	
105		泰安市岱岳区文物保护中心	文物	地市属	无级别	
106		肥城市博物馆	文物	地市属	无级别	
107		泰山景区壶天阁文管所	文物	地市属	无级别	
108		泰山景区灵应宫文管所	文物	地市属	无级别	
109		泰山景区王母池文管所	文物	地市属	无级别	
110		泰安市文物考古研究所	文物	地市属	无级别	
111	威海市	中国甲午战争博物馆	文物	地市属	一级	
112		威海市博物馆	文物	地市属	二级	
113		威海市文登区博物馆	文物	区县属	二级	
114		乳山市文物保护中心	文物	区县属	无级别	
115		威海市文登区天福山革命遗址管理所	文物	区县属	无级别	
116		荣成博物馆	文物	区县属	二级	

（续表）

序号	区域类别	单位名称	归属性质	隶属关系	等级	备注
117		冯德英文学馆	文物	区县属	无级别	
118	日照市	日照市博物馆	文物	地市属	二级	
119		日照市岚山区博物馆	文物	区县属	无级别	
120		莒州博物馆	文物	区县属	二级	
121		五莲县博物馆	文物	区县属	三级	
122	滨州市	滨州市博物馆	文物	地市属	二级	
123		滨州市滨城区博物馆（滨州市滨城区文物保护修复中心）	文物	区县属	无级别	
124		阳信县文物管理所（阳信县博物馆）	文物	区县属	无级别	
125		惠民博物馆	文物	区县属	三级	
126		无棣县博物馆（无棣县文物保护中心）	文物	区县属	三级	
127		滨州市沾化区博物馆	文物	区县属	二级	
128		博兴县博物馆	文物	区县属	二级	

（续表）

序号	区域类别	单位名称	归属性质	隶属关系	等级	备注
129		邹平市博物馆	文物	区县属	无级别	
130	德州市	德州市博物馆	文物	地市属	二级	
131		德州市苏禄王墓管理处 （德州市苏禄王墓博物馆）	文物	地市属	无级别	
132		禹城市大禹文化产业发展中心	文物	区县属	无级别	
133		邢侗纪念馆	文物	区县属	无级别	
134		冀鲁边区革命纪念馆	行业	区县属	三级	
135		德州市陵城区文博苑	文物	区县属	无级别	
136	聊城市	聊城中国运河文化博物馆	文物	地市属	二级	
137		孔繁森同志纪念馆	行业	地市属	二级	
138		傅斯年陈列馆	文物	地市属	无级别	
139		聊城市光岳楼管理服务中心	文物	地市属	无级别	
140		聊城市东昌府区博物馆	文物	区县属	无级别	
141		冠县文物保护中心	文物	区县属	无级别	

（续表）

序号	区域类别	单位名称	归属性质	隶属关系	等级	备注
142		高唐县博物馆	文物	区县属	无级别	
143		阳谷县文物保护服务中心	文物	区县属	无级别	
144		聊城市茌平区文物保护中心	文物	区县属	无级别	
145		临清市博物馆	文物	区县属	三级	
146		莘县博物馆	文物	区县属	无级别	
147		东阿县文物事业发展中心	文物	区县属	无级别	
148	临沂市	临沂市博物馆	文物	地市属	一级	
149		银雀山汉墓竹简博物馆	文物	地市属	三级	
150		东夷文化博物馆	文物	区县属	无级别	
151		兰陵县博物馆	文物	区县属	三级	
152		沂水县博物馆	文物	区县属	二级	
153		沂南县博物馆	文物	区县属	三级	
154		沂南县北寨汉画像石墓博物馆	文物	区县属	无级别	
155		平邑县博物馆	文物	区县属	三级	

（续表）

序号	区域类别	单位名称	归属性质	隶属关系	等级	备注
156		费县博物馆	文物	区县属	无级别	
157		临沭县文物保护中心	文物	区县属	无级别	
158		蒙阴县文物保护中心	文物	区县属	无级别	
159		莒南县文物保护中心	文物	区县属	无级别	
160		郯城县博物馆	文物	区县属	无级别	
161	菏泽市	菏泽市博物馆	文物	地市属	三级	
162		鲁西南民俗博物馆	文物	地市属	无级别	
163		冀鲁豫边区革命纪念馆	行业	地市属	二级	
164		菏泽市抗日纪念馆	行业	地市属	三级	
165		菏泽市定陶区博物馆	文物	区县属	三级	
166		曹县博物馆	文物	区县属	无级别	
167		成武县博物馆	文物	区县属	二级	
168		单县博物馆	文物	区县属	三级	
169		单县民俗博物馆	文物	区县属	无级别	

（续表）

序号	区域类别	单位名称	归属性质	隶属关系	等级	备注
170		巨野县博物馆	文物	区县属	二级	
171		鲁西南战役指挥部旧址纪念馆	行业	区县属	无级别	
172		菏泽市牡丹区文物保护管理所（菏泽市牡丹区文化旅游发展中心）	文物	区县属	无级别	
173		巨野县文物管理所	文物	区县属	无级别	
174		郓城县博物馆	文物	区县属	无级别	
175		中国鲁锦博物馆	文物	区县属	无级别	
176		东明县博物馆	文物	区县属	无级别	

附表 1–2 文物保护高校机构清单

序号	类别	名称	性质	专业	备注
01	高校	山东大学文化遗产研究院	公办高校	可移动文物全门类保护研究教育	
02		山东艺术学院艺术管理学院	公办高校	可移动文物保护修复教育	
03		山东工艺美术学院人文艺术学院	公办高校	可移动文物保护修复教育	
04		北京电影学院现代创意媒体学院	民办高校	可移动文物保护修复教育	
05		莱芜职业技术学院师范教育与艺术系	公办高校	可移动文物保护修复教育	

附表 1-3 文物保护社会力量清单

序号	名称	性质	专业	备注
01	菏泽文化旅游投资集团有限公司	国有	可移动文物保护修复	
02	山东金石文物保护科技有限公司	私有	可移动文物保护修复	
03	山东潍博文物修复有限公司	私有	可移动文物保护修复	
04	曲阜龙翔文物工程有限公司	私有	可移动文物保护修复	
05	山东润古轩文物保护工程有限公司	私有	可移动文物保护修复	
06	山东履道文物保护工程有限公司	私有	可移动文物保护修复	
07	山东文保文物修复技术有限公司	私有	可移动文物保护修复	

附表2　山东省馆藏可移动文物保存状况汇总表

序号	文物类别	总数（件）	需要修复数量（件）	保存状况						备注
				状态稳定，不需修复（件）	比例（%）	部分损腐，需要修复（件）	比例（%）	腐蚀损毁严重，急需修复（件）	比例（%）	
01	金属	2848925	463305	2385620	83.74	441992	15.51	21313	0.75	
02	陶瓷	241058	51867	189191	78.48	47863	19.86	4004	1.66	
03	纸质	914782	259641	655141	71.62	210807	23.04	48834	5.34	
04	石质	133817	23511	110306	82.43	22243	16.62	1268	0.95	
05	牙骨角器	52963	10308	42655	80.54	9939	18.77	369	0.70	
06	漆木器	29063	9154	19909	68.50	8312	28.60	842	2.90	
07	织绣	22741	3929	18812	82.72	3766	16.56	163	0.72	
08	标本化石	8504	5908	2596	30.53	5149	60.55	759	8.93	
09	其他	61646	22427	39219	63.62	22263	36.11	164	0.27	
合计		4313499	850050	3463449	/	772334	/	77716	/	

附表 3　山东省各地市可移动文物收藏情况

序号	区域类别	总数（件）	状态稳定，不需修复（件）	部分损腐，需要修复（件）	腐蚀损毁严重，急需修复（件）
01	省直	1078444	829725	202816	45903
02	济南市	187303	113788	59786	13729
03	青岛市	221662	213795	7478	389
04	淄博市	115458	90622	24465	371
05	枣庄市	125336	90391	32984	1961
06	东营市	33528	19692	13719	117
07	烟台市	604829	558597	41353	4879
08	潍坊市	508339	431332	71680	5327
09	济宁市	495628	381595	113062	971
10	泰安市	106727	92613	13402	712
11	威海市	69976	67169	2622	185

（续表）

序号	区域类别	总数（件）	状态稳定，不需修复（件）	部分损腐，需要修复（件）	腐蚀损毁严重，急需修复（件）
12	日照市	31461	23714	6594	1153
13	滨州市	40947	22034	18645	268
14	德州市	34356	11067	23090	199
15	聊城市	170463	151515	18794	154
16	临沂市	291703	279081	11571	1051
17	菏泽市	197339	86719	110273	347
合计		4313499	3463449	772334	77716

附表 4　山东省馆藏金属文物保存状况调查表

序号	区域类别	总数（件）	保存状况						备注
			状态稳定，不需修复（件）	比例（%）	部分损腐，需要修复（件）	比例（%）	腐蚀损毁严重，急需修复（件）	比例（%）	
01	省直	393442	346305	88.02	45054	11.45	2083	0.53	
02	济南市	104542	60436	57.81	32846	31.42	11260	10.77	
03	青岛市	181641	178121	98.06	3408	1.88	112	0.06	
04	淄博市	46992	34637	73.71	12331	26.24	24	0.05	
05	枣庄市	100254	75712	75.52	22807	22.75	1735	1.73	
06	东营市	19589	10838	55.33	8727	44.55	24	0.12	
07	烟台市	427098	410048	96.01	13781	3.23	3269	0.77	
08	潍坊市	409113	367666	89.87	40557	9.91	890	0.22	
09	济宁市	459706	356981	77.65	102219	22.24	506	0.11	
10	泰安市	38233	31783	83.13	6185	16.18	265	0.69	
11	威海市	44997	44557	99.02	401	0.89	39	0.09	

（续表）

序号	区域类别	总数（件）	保存状况						备注
			状态稳定，不需修复（件）	比例（%）	部分损腐，需要修复（件）	比例（%）	腐蚀损毁严重，急需修复（件）	比例（%）	
12	日照市	21115	15616	73.96	5188	24.57	311	1.47	
13	滨州市	29435	11874	40.34	17508	59.48	53	0.18	
14	德州市	31126	8618	27.69	22502	72.29	6	0.02	
15	聊城市	128182	124153	96.86	3968	3.10	61	0.05	
16	临沂市	261030	254927	97.66	5514	2.11	589	0.23	
17	菏泽市	152430	53348	35.00	98996	64.95	86	0.06	
合计		2848925	2385620	/	441992	/	21313	/	

附表5 山东省馆藏陶瓷文物保存状况调查表

序号	区域类别	总数（件）	保存状况						备注
			状态稳定，不需修复（件）	比例（%）	部分损腐，需要修复（件）	比例（%）	腐蚀损毁严重，急需修复（件）	比例（%）	
01	省直	29871	20149	67.45	8320	27.85	1402	4.69	
02	济南市	8104	5838	72.04	2083	25.70	183	2.26	
03	青岛市	5819	5398	92.77	393	6.75	28	0.48	
04	淄博市	33496	29457	87.94	3946	11.78	93	0.28	
05	枣庄市	11485	6141	53.47	5200	45.28	144	1.25	
06	东营市	4743	2899	61.12	1817	38.31	27	0.57	
07	烟台市	38071	28388	74.57	9156	24.05	527	1.38	
08	潍坊市	21335	16451	77.11	4549	21.32	335	1.57	
09	济宁市	12412	8148	65.65	4064	32.74	200	1.61	
10	泰安市	22739	20181	88.75	2317	10.19	241	1.06	
11	威海市	3287	3200	97.35	85	2.59	2	0.06	

（续表）

序号	区域类别	总数（件）	保存状况						备注
			状态稳定，不需修复（件）	比例（%）	部分损腐，需要修复（件）	比例（%）	腐蚀损毁严重，急需修复（件）	比例（%）	
12	日照市	5122	3703	72.30	903	17.63	516	10.07	
13	滨州市	5169	4604	89.07	526	10.18	39	0.75	
14	德州市	893	687	76.93	202	22.62	4	0.45	
15	聊城市	14768	13860	93.85	853	5.78	55	0.37	
16	临沂市	10054	7871	78.29	2071	20.60	112	1.11	
17	菏泽市	13690	12216	89.23	1378	10.07	96	0.70	
合计		241058	189191	/	47863	/	4004	/	

附表 6　山东省馆藏纸质文物保存状况调查表

序号	区域类别	总数（件）	保存状况						备注
			状态稳定，不需修复（件）	比例（%）	部分损腐，需要修复（件）	比例（%）	腐蚀损毁严重，急需修复（件）	比例（%）	
01	省直	560053	393299	70. 23	125334	22. 38	41420	7. 40	
02	济南市	51139	30767	60. 16	18407	35. 99	1965	3. 84	
03	青岛市	18761	15937	84. 95	2693	14. 35	131	0. 70	
04	淄博市	25774	21705	84. 21	3849	14. 93	220	0. 85	
05	枣庄市	2727	2196	80. 53	529	19. 40	2	0. 07	
06	东营市	5406	2818	52. 13	2525	46. 71	63	1. 17	
07	烟台市	98236	82400	83. 88	15529	15. 81	307	0. 31	
08	潍坊市	45120	20415	45. 25	21171	46. 92	3534	7. 83	
09	济宁市	16162	12125	75. 02	3878	23. 99	159	0. 98	
10	泰安市	27299	25883	94. 81	1259	4. 61	157	0. 58	
11	威海市	17264	15126	87. 62	1994	11. 55	144	0. 83	

（续表）

序号	区域类别	总数（件）	保存状况						备注
			状态稳定，不需修复（件）	比例（%）	部分损腐，需要修复（件）	比例（%）	腐蚀损毁严重，急需修复（件）	比例（%）	
12	日照市	1702	1502	88.25	199	11.69	1	0.06	
13	滨州市	2569	2100	81.74	348	13.55	121	4.71	
14	德州市	1106	670	60.58	249	22.51	187	16.91	
15	聊城市	7519	7323	97.39	184	2.45	12	0.16	
16	临沂市	10273	6783	66.03	3216	31.31	274	2.67	
17	菏泽市	23672	14092	59.53	9443	39.89	137	0.58	
合计		914782	655141	/	210807	/	48834	/	

附表 7　山东省馆藏石质文物保存状况调查表

序号	区域类别	总数（件）	保存状况						备注
			状态稳定，不需修复（件）	比例（%）	部分损腐，需要修复（件）	比例（%）	腐蚀损毁严重，急需修复（件）	比例（%）	
01	省直	32840	26724	81.38	6056	18.44	60	0.18	
02	济南市	10113	8004	79.15	2043	20.20	66	0.65	
03	青岛市	11097	10595	95.48	493	4.44	9	0.08	
04	淄博市	7158	3354	46.86	3773	52.71	31	0.43	
05	枣庄市	5065	3982	78.62	1016	20.06	67	1.32	
06	东营市	2968	2513	84.67	452	15.23	3	0.10	
07	烟台市	14137	13708	96.97	336	2.38	93	0.66	
08	潍坊市	24632	19785	80.32	4368	17.73	479	1.94	
09	济宁市	5394	2991	55.45	2342	43.42	61	1.13	
10	泰安市	3496	3132	89.59	338	9.67	26	0.74	
11	威海市	1556	1464	94.09	92	5.91	0	0	

（续表）

序号	区域类别	总数（件）	保存状况						备注
			状态稳定，不需修复（件）	比例（%）	部分损腐，需要修复（件）	比例（%）	腐蚀损毁严重，急需修复（件）	比例（%）	
12	日照市	3413	2816	82.51	289	8.47	308	9.02	
13	滨州市	2932	2820	96.18	91	3.10	21	0.72	
14	德州市	710	611	86.06	97	13.66	2	0.28	
15	聊城市	1939	1820	93.86	96	4.95	23	1.19	
16	临沂市	5298	5001	94.39	289	5.45	8	0.15	
17	菏泽市	1069	986	92.24	72	6.74	11	1.03	
合计		133817	110306	/	22243	/	1268	/	

附表 8　山东省馆藏牙骨角器文物保存状况调查表

序号	区域类别	总数（件）	保存状况						备注
			状态稳定，不需修复（件）	比例（%）	部分损腐，需要修复（件）	比例（%）	腐蚀损毁严重，急需修复（件）	比例（%）	
01	省直	21357	17454	81.72	3896	18.24	7	0.03	
02	济南市	2916	2556	87.65	159	5.45	201	6.89	
03	青岛市	461	420	91.11	41	8.89	0	0	
04	淄博市	522	434	83.14	88	16.86	0	0	
05	枣庄市	2827	1378	48.74	1438	50.87	11	0.39	
06	东营市	163	125	76.69	38	23.31	0	0	
07	烟台市	8822	8357	94.73	423	4.79	42	0.48	
08	潍坊市	2551	2219	86.99	278	10.90	54	2.12	
09	济宁市	319	95	29.78	197	61.76	27	8.46	
10	泰安市	11356	8195	72.16	3142	27.67	19	0.17	
11	威海市	68	68	100.00	0	0	0	0	

（续表）

序号	区域类别	总数（件）	保存状况						备注
			状态稳定，不需修复（件）	比例（%）	部分损腐，需要修复（件）	比例（%）	腐蚀损毁严重，急需修复（件）	比例（%）	
12	日照市	52	48	92.31	3	5.77	1	1.92	
13	滨州市	179	94	52.51	85	47.49	0	0	
14	德州市	42	15	35.71	27	64.29	0	0	
15	聊城市	193	178	92.23	12	6.22	3	1.55	
16	临沂市	982	933	95.01	49	4.99	0	0	
17	菏泽市	153	86	56.21	63	41.18	4	2.61	
合计		52963	42655	/	9939	/	369	/	

附表 9　山东省馆藏漆木器文物保存状况调查表

序号	区域类别	总数（件）	保存状况						备注
			状态稳定，不需修复（件）	比例（%）	部分损腐，需要修复（件）	比例（%）	腐蚀损毁严重，急需修复（件）	比例（%）	
01	省直	4669	1900	40.69	2742	58.73	27	0.58	
02	济南市	7943	4129	51.98	3767	47.43	47	0.59	
03	青岛市	2093	1628	77.78	357	17.06	108	5.16	
04	淄博市	289	218	75.43	68	23.53	3	1.04	
05	枣庄市	79	24	30.38	53	67.09	2	2.53	
06	东营市	155	116	74.84	39	25.16	0	0	
07	烟台市	5553	4320	77.80	677	12.19	556	10.01	
08	潍坊市	1462	1226	83.86	219	14.98	17	1.16	
09	济宁市	272	188	69.12	84	30.88	0	0	
10	泰安市	2581	2523	97.75	56	2.17	2	0.08	
11	威海市	621	615	99.03	6	0.97	0	0	

（续表）

序号	区域类别	总数（件）	保存状况						备注
			状态稳定，不需修复（件）	比例（%）	部分损腐，需要修复（件）	比例（%）	腐蚀损毁严重，急需修复（件）	比例（%）	
12	日照市	21	16	76.19	5	23.81	0	0	
13	滨州市	270	167	61.85	70	25.93	33	12.22	
14	德州市	64	64	100.00	0	0	0	0	
15	聊城市	956	947	99.06	9	0.94	0	0	
16	临沂市	431	346	80.28	41	9.51	44	10.21	
17	菏泽市	1604	1482	92.39	119	7.42	3	0.19	
合计		29063	19909	/	8312	/	842	/	

附表 10　山东省馆藏织绣文物保存状况调查表

序号	区域类别	总数（件）	保存状况						备注
			状态稳定，不需修复（件）	比例（%）	部分损腐，需要修复（件）	比例（%）	腐蚀损毁严重，急需修复（件）	比例（%）	
01	省直	14324	11483	80.17	2805	19.58	36	0.25	
02	济南市	153	152	99.35	1	0.65	0	0	
03	青岛市	566	534	94.35	32	5.65	0	0	
04	淄博市	182	180	98.90	2	1.10	0	0	
05	枣庄市	23	14	60.87	9	39.13	0	0	
06	东营市	154	103	66.88	51	33.12	0	0	
07	烟台市	3635	3110	85.56	442	12.16	83	2.28	
08	潍坊市	735	559	76.05	168	22.86	8	1.09	
09	济宁市	605	537	88.76	52	8.60	16	2.64	
10	泰安市	290	289	99.66	1	0.34	0	0	
11	威海市	237	204	86.08	33	13.92	0	0	

（续表）

序号	区域类别	总数（件）	保存状况						备注
			状态稳定，不需修复（件）	比例（%）	部分损腐，需要修复（件）	比例（%）	腐蚀损毁严重，急需修复（件）	比例（%）	
12	日照市	5	0	0	5	100.00	0	0	
13	滨州市	188	184	97.87	4	2.13	0	0	
14	德州市	3	3	100.00	0	0	0	0	
15	聊城市	168	135	80.36	33	19.64	0	0	
16	临沂市	81	45	55.56	21	25.93	15	18.52	
17	菏泽市	1392	1280	91.95	107	7.69	5	0.36	
合计		22741	18812	/	3766	/	163	/	

附表 11 山东省馆藏标本化石文物保存状况调查表

序号	区域类别	总数（件）	保存状况						备注
			状态稳定，不需修复（件）	比例（%）	部分损腐，需要修复（件）	比例（%）	腐蚀损毁严重，急需修复（件）	比例（%）	
01	省直	5995	2011	33.54	3244	54.11	740	12.34	
02	济南市	54	36	66.67	18	33.33	0	0	
03	青岛市	0	0	/	0	/	0	/	
04	淄博市	22	20	90.91	2	9.09	0	0	
05	枣庄市	1892	77	4.07	1815	95.93	0	0	
06	东营市	7	4	57.14	3	42.86	0	0	
07	烟台市	40	40	100.00	0	0	0	0	
08	潍坊市	401	345	86.03	54	13.47	2	0.50	
09	济宁市	1	1	100.00	0	0	0	0	
10	泰安市	36	25	69.44	10	27.78	1	2.78	
11	威海市	13	13	100.00	0	0	0	0	

（续表）

序号	区域类别	总数（件）	保存状况						备注
			状态稳定，不需修复（件）	比例（%）	部分损腐，需要修复（件）	比例（%）	腐蚀损毁严重，急需修复（件）	比例（%）	
12	日照市	31	13	41.94	2	6.45	16	51.61	
13	滨州市	4	4	100.00	0	0	0	0	
14	德州市	5	4	80.00	1	20.00	0	0	
15	聊城市	3	3	100.00	0	0	0	0	
16	临沂市	0	0	/	0	/	0	/	
17	菏泽市	0	0	/	0	/	0	/	
合计		8504	2596	/	5149	/	759	/	

附表 12　山东省馆藏其他类文物保存状况调查表

序号	区域类别	总数（件）	保存状况						备注
			状态稳定，不需修复（件）	比例（%）	部分损腐，需要修复（件）	比例（%）	腐蚀损毁严重，急需修复（件）	比例（%）	
01	省直	15893	10400	65.44	5365	33.76	128	0.81	
02	济南市	2339	1870	79.95	462	19.75	7	0.30	
03	青岛市	1224	1162	94.93	61	4.98	1	0.08	
04	淄博市	1023	617	60.31	406	39.69	0	0	
05	枣庄市	984	867	88.11	117	11.89	0	0	
06	东营市	343	276	80.47	67	19.53	0	0	
07	烟台市	9237	8226	89.05	1009	10.92	2	0.02	
08	潍坊市	2990	2666	89.16	316	10.57	8	0.27	
09	济宁市	757	529	69.88	226	29.85	2	0.26	
10	泰安市	697	602	86.37	94	13.49	1	0.14	
11	威海市	1933	1922	99.43	11	0.57	0	0	

（续表）

序号	区域类别	总数（件）	保存状况						备注
			状态稳定，不需修复（件）	比例（%）	部分损腐，需要修复（件）	比例（%）	腐蚀损毁严重，急需修复（件）	比例（%）	
12	日照市	0	0	/	0	/	0	/	
13	滨州市	201	187	93.03	13	6.47	1	0.50	
14	德州市	407	395	97.05	12	2.95	0	0	
15	聊城市	16735	3096	18.50	13639	81.50	0	0	
16	临沂市	3554	3175	89.34	370	10.41	9	0.25	
17	菏泽市	3329	3229	97.00	95	2.85	5	0.15	
合计		61646	39219	/	22263	/	164	/	

附表 13　山东省文物库房基本情况调查表

序号	区域类别	库房数量（个）	总面积（m^2）	环境监测设备（台）	恒温恒湿机（台）	囊匣（个）	智能储藏柜（个）	数字化文物数量（件）	温湿度控制系统（套）	污染物控制系统（套）
01	省直	72	11750.04	54	48	17164	44	4333	71	20
02	济南市	18	27293.69	149	130	3544	133	38005	158	0
03	青岛市	40	4138.40	32	24	2042	30	677	27	3
04	淄博市	29	7676.43	25	22	2421	52	580	17	8
05	枣庄市	25	4333.20	24	33	669	245	24607	16	8
06	东营市	8	1432.80	35	12	350	363	385	8	1
07	烟台市	37	6077.33	30	17	10842	49	2485	31	9
08	潍坊市	29	11237.14	76	29	5006	51	877	9	4
09	济宁市	34	5175.37	87	19	806	640	164748	9	0
10	泰安市	19	1640.20	22	3	3870	8	0	19	2
11	威海市	14	2930.10	47	26	1483	9	4328	12	10

（续表）

序号	区域类别	库房数量（个）	总面积（m²）	环境监测设备（台）	恒温恒湿机（台）	囊匣（个）	智能储藏柜（个）	数字化文物数量（件）	温湿度控制系统（套）	污染物控制系统（套）
12	日照市	5	1447.00	17	15	460	0	147	5	0
13	滨州市	13	1983.43	5	6	559	6	133	5	1
14	德州市	10	1139.00	0	0	100	0	235	0	0
15	聊城市	13	2299.33	5	11	470	6	6744	3	0
16	临沂市	43	3980.63	34	13	2078	47	220	23	13
17	菏泽市	21	3413.00	15	20	3788	20	22602	11	3
18	高校	2	160.00	6	4	0	0	0	1	1
19	社会力量	4	1345.00	4	6	0	0	0	3	3
合计		436	99452.09	667	438	55652	1703	271106	428	86

附表 14 山东省文物展厅基本情况调查表

序号	区域类别	数量（个）	总面积（m^2）	环境监测设备（台）	恒温恒湿机（台）	净化器（台）	智能展柜（台）	数字化设备（台）	温湿度控制系统（套）	污染物控制系统（套）
01	省直	35	44509.50	202	128	0	4	158	34	0
02	济南市	40	17705.28	84	70	9	42	62	33	13
03	青岛市	54	21821.03	292	346	186	202	72	67	5
04	淄博市	88	46429.34	7	120	4	226	119	35	1
05	枣庄市	35	31214.00	86	46	3	112	39	14	8
06	东营市	26	11680.90	0	2	13	25	8	11	0
07	烟台市	69	42383.35	18	131	14	66	57	27	0
08	潍坊市	54	33473.00	120	103	26	463	37	31	4
09	济宁市	33	22315.47	31	30	7	157	38	14	0
10	泰安市	23	6281.30	3	0	57	18	8	8	9
11	威海市	15	30645.60	160	11	8	25	4	12	2

（续表）

序号	区域类别	数量（个）	总面积（m^2）	环境监测设备(台)	恒温恒湿机(台)	净化器（台）	智能展柜（台）	数字化设备（台）	温湿度控制系统(套)	污染物控制系统(套)
12	日照市	10	11108.00	20	20	9	0	50	10	1
13	滨州市	28	12069.20	11	2	21	14	1	4	1
14	德州市	11	10954.00	0	12	12	0	23	3	0
15	聊城市	18	15145.00	8	15	12	2	9	4	0
16	临沂市	61	37405.51	55	57	14	40	97	37	0
17	菏泽市	41	52842.00	114	108	3	342	153	28	17
18	高校	2	3500.00	0	0	0	0	0	0	0
19	社会力量	1	100.00	1	1	1	0	0	0	0
合计		644	451582.48	1212	1202	399	1738	935	372	61

附表 15　山东省文物保护修复场地及仪器设备情况调查表

序号	区域类别	场地面积(m^2)			面积汇总(m^2)	累计投入资金(万元)	可开展工作(间)							文物保护修复设备(万元)	分析检测设备(万元)
		0—199	200—799	800—1500			金属	陶瓷	石质	织物	纸质	壁画	木质		
01	省直	1	2	2	3536.0	3601.3	5	5	4	5	5	3	3	440.6	1984
02	济南市	6	0	0	460.0	99.4	3	3	0	0	2	0	0	66.4	38.6
03	青岛市	3	1	0	575.0	143.2	4	3	1	0	4	0	0	47.4	38.6
04	淄博市	2	1	1	1500.0	293.8	3	4	2	1	3	1	1	176.0	6
05	枣庄市	3	2	0	754.5	339.5	1	4	0	0	1	0	0	0.5	3
06	东营市	1	0	0	40.0	3.0	0	1	1	0	1	0	0	0	0
07	烟台市	1	2	0	1012.0	130.6	2	1	0	0	2	0	0	0	41
08	潍坊市	1	4	1	2096.0	160.2	2	5	3	1	2	1	1	42.7	0
09	济宁市	2	1	0	487.0	125.2	1	2	1	1	2	1	1	84.6	40.7
10	泰安市	4	0	0	162.0	84.8	2	3	1	0	2	0	0	62.5	3.3
11	威海市	3	1	0	381.2	90.8	0	1	0	0	0	0	0	44.2	11.3

（续表）

序号	区域类别	场地面积（m^2）			面积汇总（m^2）	累计投入资金（万元）	可开展工作（间）							文物保护修复设备（万元）	分析检测设备（万元）
		0—199	200—799	800—1500			金属	陶瓷	石质	织物	纸质	壁画	木质		
12	日照市	2	1	0	465.0	122.6	3	2	0	0	1	0	0	58.4	0
13	滨州市	3	0	0	119.0	18.6	0	2	0	0	0	0	0	16.9	0
14	德州市	1	0	0	70.0	145.0	1	1	0	0	0	0	0	0	0
15	聊城市	2	0	0	118.0	866.8	1	2	0	0	1	0	0	811.2	0
16	临沂市	5	2	0	901.8	222.4	2	3	0	1	0	0	1	47.5	0
17	菏泽市	8	0	1	1336.0	245.8	6	8	2	2	3	2	2	185.4	0
18	高校	0	2	2	3128.6	1401.3	3	4	3	2	4	3	2	731.0	126.5
19	社会力量	0	4	3	6060.5	4139.6	7	7	5	2	7	2	3	374.5	142.8
合计		48	23	10	23202.6	12233.9	46	61	23	15	40	13	14	3189.8	2435.8

附表 16 山东省文物保护修复从业人员调查表

附表 16-1 山东省文物保护修复从业人员年龄、性别、职称、学历情况调查表

序号	区域类别	保护修复人员数目	年龄（岁）			性别		职称				学历			
			18—34	35—49	50—65	男	女	无职称	初级	中级	高级	博士	硕士	本科	其他
01	省直	66	34	21	11	35	31	24	8	23	11	1	18	26	21
02	济南市	94	71	14	9	49	45	74	4	10	6	3	10	32	49
03	青岛市	13	5	6	2	7	6	6	3	3	2	1	4	2	6
04	淄博市	19	8	8	3	9	10	7	4	6	2	0	0	12	7
05	枣庄市	8	3	4	1	4	4	0	1	6	1	0	1	5	2
06	东营市	4	1	3	0	3	1	0	1	2	1	0	0	4	0
07	烟台市	9	5	3	1	7	2	3	3	3	0	0	1	2	6
08	潍坊市	38	16	14	8	19	19	20	2	10	6	0	1	7	30
09	济宁市	13	7	3	3	9	4	6	2	4	1	0	3	0	10
10	泰安市	3	0	0	3	1	2	0	0	2	1	0	0	1	2

（续表）

序号	区域类别	保护修复人员数目	年龄（岁）			性别		职称				学历			
			18—34	35—49	50—65	男	女	无职称	初级	中级	高级	博士	硕士	本科	其他
11	威海市	0	0	0	0	0	0	0	0	0	0	0	0	0	0
12	日照市	1	0	1	0	1	0	0	0	1	0	0	0	0	1
13	滨州市	0	0	0	0	0	0	0	0	0	0	0	0	0	0
14	德州市	0	0	0	0	0	0	0	0	0	0	0	0	0	0
15	聊城市	1	0	1	0	0	1	0	0	1	0	0	1	0	0
16	临沂市	10	3	6	1	9	1	1	1	4	4	0	3	1	6
17	菏泽市	22	8	9	5	14	8	3	6	9	4	0	4	9	9
合计		301	161	93	47	167	134	144	35	84	39	5	46	101	149

附表 16–2　山东省文物保护修复从业人员专业背景、用工形式、从业时间、专长、培训情况调查表

序号	区域类别	专业背景				用工形式			从业时间		专长			培训情况（人次）	参与项目（人次）
		文博	理工	文科	其他	在编	聘用	返聘	10年以下	10年以上	常规养护	基本修复	文物保护		
01	省直	48	5	9	4	42	23	1	46	20	21	35	10	100	379
02	济南市	84	2	6	2	14	79	1	69	25	0	90	4	19	164
03	青岛市	8	0	1	4	13	0	0	11	2	9	2	2	3	46
04	淄博市	14	0	4	1	11	7	1	10	9	12	6	1	24	45
05	枣庄市	3	2	2	1	8	0	0	5	3	7	1	0	5	17
06	东营市	3	1	0	0	4	0	0	0	4	4	0	0	0	0
07	烟台市	5	1	2	1	5	4	0	8	1	3	6	0	3	15
08	潍坊市	20	2	4	12	18	20	0	19	19	11	25	2	5	107
09	济宁市	8	2	2	1	1	12	0	6	7	6	6	1	45	61
10	泰安市	1	0	0	2	3	0	0	0	3	2	1	0	1	1

（续表）

序号	区域类别	专业背景				用工形式			从业时间		专长			培训情况（人次）	参与项目（人次）
		文博	理工	文科	其他	在编	聘用	返聘	10年以下	10年以上	常规养护	基本修复	文物保护		
11	威海市	0	0	0	0	0	0	0	0	0	0	0	0	0	0
12	日照市	1	0	0	0	1	0	0	0	1	1	0	0	0	1
13	滨州市	0	0	0	0	0	0	0	0	0	0	0	0	0	0
14	德州市	0	0	0	0	0	0	0	0	0	0	0	0	0	0
15	聊城市	1	0	0	0	1	0	0	0	1	1	0	0	0	0
16	临沂市	4	0	1	5	10	0	0	5	5	6	4	0	7	8
17	菏泽市	9	4	6	3	18	4	0	16	6	19	2	1	25	28
合计		209	19	37	36	149	149	3	195	106	102	178	21	237	872

附表 17　山东省 2016—2020 年度可移动文物保护修复项目调查表

附表 17-1　山东省 2016—2020 年度可移动文物保护修复项目类别情况调查表

序号	区域类别	项目数量	2016年			2017年			2018年			2019年			2020年		
			本体修复	预防保护	数字保护	本体修复	预防保护	数字保护	本体修复	预防保护	数字保护	本体修复	预防保护	数字保护	本体修复	预防保护	数字保护
01	省直	28	1	0	0	1	1	0	5	1	1	5	1	0	8	1	3
02	济南市	21	5	0	0	2	0	0	4	4	1	1	0	0	2	1	1
03	青岛市	22	2	1	0	6	1	0	0	0	2	5	0	1	2	0	2
04	淄博市	12	0	0	0	0	1	0	0	1	1	2	0	0	2	5	0
05	枣庄市	10	0	0	0	0	0	0	3	2	2	1	1	0	0	1	0
06	东营市	4	0	1	0	0	0	0	0	0	1	0	1	1	0	0	0
07	烟台市	9	0	0	0	0	0	0	2	1	0	3	1	1	0	1	0
08	潍坊市	34	2	0	1	2	0	0	7	2	5	9	1	0	2	2	1
09	济宁市	13	0	0	0	0	0	0	4	3	2	3	1	0	0	0	0
10	泰安市	9	1	1	0	1	0	0	0	1	0	1	0	0	4	0	0

（续表）

序号	区域类别	项目数量	2016年			2017年			2018年			2019年			2020年		
			本体修复	预防保护	数字保护	本体修复	预防保护	数字保护	本体修复	预防保护	数字保护	本体修复	预防保护	数字保护	本体修复	预防保护	数字保护
11	威海市	12	0	7	0	0	0	0	1	2	1	1	0	0	0	0	0
12	日照市	7	2	2	0	0	0	0	2	0	0	0	0	1	0	0	0
13	滨州市	15	1	0	0	0	0	0	1	2	3	4	0	0	2	2	0
14	德州市	6	0	0	0	0	1	0	0	0	0	1	1	1	2	0	0
15	聊城市	5	0	0	0	1	0	0	0	1	0	0	1	0	1	0	1
16	临沂市	8	0	0	0	0	0	0	0	1	0	1	2	1	2	0	1
17	菏泽市	30	1	0	0	0	0	0	3	2	2	9	2	0	7	1	3
18	高校	1	1	0	0	0	0	0	0	0	0	0	0	0	0	0	0
合计		246	16	12	1	13	4	0	32	23	21	46	12	6	34	14	12

附表 17-2　山东省 2016—2020 年度可移动文物保护修复项目完成情况调查表

序号	区域类别	项目	2016年			2017年			2018年			2019年			2020年		
		数量	已经完成	正在开展	尚未开展	已经完成	正在开展	尚未开展	已经完成	正在开展	尚未开展	已经完成	正在开展	尚未开展	已经完成	正在开展	尚未开展
01	省直	28	0	1	0	2	0	0	3	4	0	3	3	0	1	5	6
02	济南市	21	1	0	0	6	0	0	2	1	0	5	1	3	0	2	0
03	青岛市	22	3	0	0	7	0	0	2	0	0	3	3	0	0	2	2
04	淄博市	12	0	0	0	1	0	0	1	1	0	3	3	1	0	1	1
05	枣庄市	10	0	0	0	0	0	0	6	1	0	1	0	0	0	2	0
06	东营市	4	1	0	0	0	0	0	1	0	0	2	0	0	0	0	0
07	烟台市	9	0	0	0	0	0	0	2	1	0	2	2	1	0	0	1
08	潍坊市	34	3	0	0	2	0	0	10	2	2	8	2	0	1	1	3
09	济宁市	13	0	0	0	0	0	0	4	5	0	1	3	0	0	0	0
10	泰安市	9	2	0	0	1	0	0	1	0	0	1	0	0	0	4	0

（续表）

序号	区域类别	项目数量	2016年			2017年			2018年			2019年			2020年		
			已经完成	正在开展	尚未开展	已经完成	正在开展	尚未开展	已经完成	正在开展	尚未开展	已经完成	正在开展	尚未开展	已经完成	正在开展	尚未开展
11	威海市	12	5	1	0	0	0	0	3	0	2	0	0	1	0	0	0
12	日照市	7	4	0	0	0	0	0	2	0	0	0	0	0	1	0	0
13	滨州市	15	1	0	0	0	0	0	3	2	1	2	2	0	1	3	0
14	德州市	6	0	0	0	1	0	0	0	0	0	0	3	0	0	0	2
15	聊城市	5	0	0	0	1	0	0	1	0	0	1	0	0	0	2	0
16	临沂市	8	0	0	0	1	0	0	1	0	0	2	0	0	1	2	1
17	菏泽市	30	1	0	0	0	0	0	5	1	1	4	6	1	0	6	5
18	高校	1	0	0	0	0	0	0	0	0	0	0	0	0	0	0	0
合计		246	22	2	0	22	0	0	47	18	6	38	28	7	5	30	21

附表 18　山东省 2021—2025 年拟申报可移动文物保护修复项目调查表

序号	区域类别	项目数量（个）	经费需求（万元）			拟委托方案设计单位					项目类别			文物数量（件/套）
			中央	省级	合计	省内文博单位	省外文博单位	省内社会力量	省外社会力量	待定	本体修复	预防性保护	数字化保护	
01	省直	28	13077.34	0	13077.34	28	0	0	0	0	16	6	6	14179
02	济南市	30	7033.30	0	7033.30	7	1	11	5	6	14	7	9	11656
03	青岛市	18	7255.74	0	7255.74	3	0	2	3	10	6	6	6	66556
04	淄博市	27	8248.48	0	8248.48	5	1	4	8	9	9	8	10	75248
05	枣庄市	37	9260.66	512	9772.66	5	0	1	7	24	19	11	7	23921
06	东营市	5	1278.68	0	1278.68	1	0	1	2	1	2	1	2	901
07	烟台市	18	3703.18	0	3703.18	1	0	7	4	6	9	3	6	17816
08	潍坊市	23	6522.55	150	6672.55	7	4	5	5	2	10	5	8	379493
09	济宁市	29	6135.92	110	6245.92	3	3	17	6	0	21	3	5	26755
10	泰安市	19	5341.50	0	5341.50	4	0	10	0	5	11	4	4	15474

（续表）

序号	区域类别	项目数量（个）	经费需求（万元）			拟委托方案设计单位					项目类别			文物数量（件/套）
			中央	省级	合计	省内文博单位	省外文博单位	省内社会力量	省外社会力量	待定	本体修复	预防性保护	数字化保护	
11	威海市	6	555.15	0	555.15	2	0	2	2	0	4	0	2	962
12	日照市	7	1366.00	0	1366.00	2	1	2	0	2	4	3	0	9880
13	滨州市	17	2598.62	150	2748.62	4	0	13	0	0	8	4	5	7630
14	德州市	7	1917.00	0	1917.00	0	0	1	0	6	2	3	2	2094
15	聊城市	11	2154.58	20	2174.58	0	0	7	3	1	7	3	1	4695
16	临沂市	28	5146.27	540.31	5686.58	2	0	19	2	5	15	7	6	64091
17	菏泽市	33	5934.73	0	5934.73	15	0	8	7	3	20	9	4	30103
合计		343	87529.70	1482.31	89012.01	89	10	110	54	80	177	83	83	751454